Dijon, 14 Novembre 1894

Dijon 14 nov 1894.

COLLECTION
HENRI BAUDOT

CATALOGUE RÉSUMÉ

DES

TABLEAUX & OBJETS D'ART

ET DE HAUTE CURIOSITÉ

COMPOSANT LA

COLLECTION DE M. HENRI BAUDOT

Ancien président de la Société archéologique de la Côte-d'Or,
Chevalier de la Légion d'honneur

Dont la vente aux enchères aura lieu à Dijon

RUE DEVOSGE, N° 1

Du 14 au 24 novembre 1894, à midi et demi,

Par le ministère de Me **BRENOT**, commissaire-priseur, assisté de
M. **TAGINI**, expert,
et de M. **MASSON**

Exposition publique du 6 au 11 novembre 1894,
de 1 heure à 4 heures du soir.

Exposition particulière pour les personnes munies du catalogue illustré, les mêmes jours, de 9 à 11 heures du matin.

On trouvera le Catalogue à Dijon, à l'Hôtel des ventes, 46, rue des Godrans, chez M. Tagini, expert, 1, rue de la Banque, et chez M. Masson, 18, rue Victor-Dumay.

NOTA. — Un Catalogue descriptif illustré de 12 planches est mis en vente au prix de 5 francs.

CONDITIONS DE LA VENTE

Elle sera faite expressément au comptant.

Les acquéreurs paieront cinq pour cent en sus du prix d'adjudication.

L'exposition de cinq jours mettant le public à même de se rendre compte de l'état des objets, il ne sera admis aucune réclamation une fois l'adjudication prononcée.

M. TAGINI, expert, 1, rue de la Banque, à Dijon, et M. MASSON, 18, rue Victor-Dumay, rempliront les commissions qu'on voudra bien leur confier.

On trouve le catalogue :

A PARIS : 1° Chez M. MANNHEIM, expert, rue St-Georges, 7.
2° En l'étude de Me DUCHESNE, commissaire-priseur, rue de Hanovre, 8.
3° Aux Bureaux du *Journal des Arts,* rue de Provence, n° 1.
4° Aux Bureaux de la *Gazette de l'Hôtel Drouot,* rue de Provence, n° 8.

DIJON, IMPRIMERIE DARANTIERE

ORDRE DE LA VENTE

Mercredi 14 novembre 1894.

Tableaux . . . . Nos 2, 4, 5, 9, 10, 15, 16, 19, 24, 26, 33, 35, 39, 43, 91 à 96, 104 à 106, 108, 109, 111, 119, 121, 122, 125, 127 à 129.

Ivoires . . . . . . 328, 331 à 340, 343 à 346, 354 à 357.

Bois sculptés coffrets . 590 à 594, 598, 602, 604, 605, 612.

Armes . . . . . . 617 à 626, 633 à 635, 656 à 665, 669, 673 à 683.

Boites . . . . . . 698 à 710, 718 à 724, 736 à 740.

Bijoux . . . . . . 756 à 770, 780 à 785, 787, 790 à 792, 796 à 815, 885 à 895.

Jeudi 15 novembre 1894.

Tableaux . . . . Nos 44 à 47, 49 à 53, 56 à 59, 71 à 78, 131 à 137, 148 à 151, 157, 158, 160 à 162, 171 à 178, 246 à 251.

Ivoires. . . . . . 323 à 325, 329, 347 à 353, 370 à 373, 380 à 388.

Emaux. . . . . . . 421, 424 à 428, 430 à 435, 451 à 454, 457 à 460.

I.

Bronzes . . . . . 483 à 485, 487, 488, 493, 494, 497, 506 à 511, 532 à 534, 536, 541 à 544, 547, 548.

Meubles et bois . . . 556 à 559, 561 à 563, 565, 566, 570 à 574.

Coffrets . . . . . . 599, 600, 606 à 608, 613.

Armes . . . . 627 à 632, 637, 644 à 651, 653 à 655, 685 à 689, 692 à 696.

Boîtes . . . . 712 à 714, 717, 725 à 730.

Vendredi 16 novembre 1894.

Tableaux . . . . Nos 6, 8, 11, 13, 14, 20, 22, 23, 27, 28, 31, 34, 36, 37, 40 à 42, 48, 54, 79 à 90.

Ivoires . . . . 374 à 377, 389 à 390, 392 à 395.

Emaux. . . . . . . 463 à 469, 474, 478, 479.

Bronzes . . . . . . 512 à 522, 526, 528.

Meubles en bois, coffrets. 551, 553, 560, 564, 575, 576, 579 à 583, 585 à 589, 601, 611.

Boîtes . . . . 711, 731 à 733, 735, 741, 742, 746 à 749.

Bijoux, camées . . . 771 à 777, 816 à 825, 896 à 899, 940 à 949.

Faïences . . . . . . 1094 à 1104, 1148 à 1152.

Etoffes . . . . 1153 à 1159, 1161, 1166 à 1169.

Miniatures . . . . . 1172 à 1178, 1181, 1184, 1190 à 1196.

Dessins. . . . . . . 1221, 1222, 1225 à 1237, 1255.

Samedi 17 novembre 1894

Tableaux	Nos 138 à 143, 147, 152, 163 à 166, 168, 184 à 188, 191 à 196, 205 à 207, 211 à 216.
Ivoires	358, 363 à 369, 379.
Bois.	568, 595.
Armes	667, 668.
Boîtes	751 à 753.
Bagues, camées . . .	826 à 830, 900 à 914, 950 à 954, 957 à 970, 1004 à 1006.
Marbres	1011, 1021, 1022, 1025 à 1029.
Terres cuites	1040, 1041, 1044 à 1055, 1059 à 1064.
Faïences	1105 à 1119, 1221 à 1125.
Dessins	1238 à 1242, 1249 à 1254, 1256, 1257, 1264, 1266.
Plaquettes	1392 à 1395, 1401, 1403 à 1408.
Médailles	1425 à 1433, 1436.
Jetons	1922.

Lundi 19 novembre 1894

Tableaux	Nos 1, 3, 7, 17, 18, 21, 25, 29, 30, 38, 55, 60 à 64, 67, 68, 97 à 99, 107, 110, 112, 114, 115, 267 à 274.
Ivoires	311 à 313, 316 à 318, 320, 327, 341, 342, 359, 360.

Émaux. . . . . . 397 à 401, 404 à 406, 409 à 414, 417 à 419, 423, 429, 437, 438, 442 à 445, 461, 462, 470 à 473, 475 à 477.

Bronzes . . . . . 481, 486, 489, 491, 492, 495, 500 à 502, 504, 505, 523 à 525, 529 à 531.

Meubles, bois, coffrets. 567, 577, 578, 609, 610.

Armes . . . . 615, 616, 636, 638, 639, 666, 670, 671, 684, 690, 691.

Boîtes . . . . 715, 716, 734, 743 à 745, 750, 754.

Bagues, camées . . . 831 à 840, 971 à 980.

Marbres . . . . . 1010, 1013 à 1017, 1019, 1020, 1023, 1024.

Faïences . . . . . 1090 à 1093, 1120, 1126 à 1128, 1130 à 1133.

Mardi 20 novembre 1894.

Tableaux . . . . Nos 12, 65, 66, 69, 70, 100 à 103, 113, 116 à 118, 120, 123, 124, 208 à 210, 275 à 279, 290 à 294.

Ivoires . . . . 309, 314, 315, 319, 321, 322, 361, 362, 378, 391.

Emaux. . . . . . . 402, 403, 407, 408, 416, 436, 439 à 441.

Bronzes. . . . . . . 480, 482, 496, 498, 499, 527, 537 à 540, 545, 546.

Meubles bois . . . . 549, 550.

Coffrets. . . . . . . 597, 603.
Armes . . . . 640 à 643, 652, 672.
Bijoux, camées . . . 778, 779, 786, 788, 789, 841 à 852, 915 à 924, 981 à 990.
Marbres . . . . . . 1009, 1030 à 1039.
Faïences . . . . . . 1089, 1134 à 1140.
Etoffes . . . . 1162 à 1165, 1170.
Miniatures. . . . . . 1179, 1180, 1182, 1183, 1185 à 1189.
Dessins. . . . . . . 1210 à 1214.

Mercredi 21 novembre 1894.

Tableaux . . . . Nos 32,126, 130,144 à 146, 153, 154, 159, 167, 169, 170, 217 à 224, 280, 281, 284, 285, 287, 295 à 300.
Ivoires . . . . 310, 330.
Emaux. . . . . 415, 446 à 450.
Bronzes. . . . . . . 490, 503, 535.
Bois. . . . . 569.
Bijoux, camées . . . 755, 793, 853 à 870, 925 à 927, 991 à 1000.
Terres cuites . . . . 1042, 1043, 1056 à 1058, 1065 à 1070.
Miniatures. . . . . . 1160, 1197, 1198, 1200 à 1205.
Dessins. . . . . . . 1223, 1224, 1243 à 1248, 1258 à 1260, 1265, 1267, 1280 à 1300, 1381 à 1391.

Jeudi 22 novembre 1894.

Tableaux	Nos 155, 156, 179 à 183, 189, 197 à 202, 225 à 245, 282, 283, 286, 288, 289.
Emaux.	420, 422.
Meubles et bois . . .	554, 584.
Armes	614.
Bijoux.	794, 795, 871 à 880, 928 à 935.
Marbres	1007, 1008, 1012.
Médailles	1434, 1435, 1437 à 1470, 1508 à 1531.
Terres cuites antiques .	1532. Partie de 1533.
Collection mérovingienne	1550 à 1644, 1645 à 1661, 1662 à 1672.
Médailles	1673 à 1796, 1923 à 1930.

Vendredi 23 novembre 1894

Tableaux	Nos 190, 203, 204, 252 à 260, 303 à 307.
Ivoires	326.
Meubles	552, 697.
Bijoux camées . . .	881 à 884, 936 à 939, 1001 à 1003.
Terres cuites, faïence .	1071 à 1080, 1141 à 1147.
Miniatures, dessins . .	1206 à 1209, 1261, 1262, 1301 à 1341.
Médailles	1471 à 1507.
Terres cuites	partie de 1533.
Bijoux	1548, 1549.

Samedi 24 novembre 1894

Tableaux	Nos 261 à 266.
Emaux.	455, 456.
Terres cuites	1081 à 1088.
Dessins	1342 à 1380.
Plaquettes	1396 à 1400, 1402, 1409 à 1424.
Terres cuites	partie de 1533, 1534 à 1547.
Monnaies	1773 à 1921, 1930.
Minéraux hist. nat. .	1932, 1933.

Il sera passé en vente, au commencement et à la fin de chaque vacation, des objets non compris au catalogue.

ERRATUM

614, lire Colletin.

NOTICE

La collection dont nous donnons ici le catalogue a été commencée par M. Louis-Bénigne Baudot, à la fin du siècle dernier, alors qu'il n'était pas sans danger de recueillir ces anciens souvenirs des temps passés. Il avait ainsi rassemblé une magnifique collection d'objets d'art et de manuscrits, provenant pour la plupart des monuments détruits par la Révolution ou des établissements supprimés par elle.

A sa mort survenue en 1844, ce précieux dépôt fut partagé entre ses deux fils, MM. Félix et Henri Baudot. — M. Félix Baudot vendit peu après en 1852 une partie des beaux objets qui lui étaient échus en partage et légua le reste à l'hospice de Beaune qui en fit opérer la vente aux enchères publiques en 1883.

M. Henri Baudot, non seulement conserva tous les objets qu'il tenait de son père, mais encore augmenta de nombreuses pièces cette collection.

Lorsqu'en 1832, il commença l'exploration du cimetière mérovingien de Charnay qu'une rare bonne fortune lui permit de pratiquer sur son propre fonds, c'est-à-dire sans épargner l'argent, ni son temps ni sa peine, et avec tout le soin et toutes les précautions que commandait une si précieuse découverte, M. l'abbé Cochet, le savant explorateur de nos tumuli, affirmait que c'était la plus riche et la plus complète des collections mérovingiennes qui eussent été découvertes. Elle est encore aujourd'hui la plus intéressante réunion de ces rares objets, curieux témoignages de l'art et de l'industrie aux premiers temps de notre histoire nationale.

Dans le rapport qu'il adressa à la Commission des Antiquités sur les découvertes faites à Charnay, M. Henri Baudot s'est révélé non seulement archéologue érudit, mais encore dessinateur habile.

Un pareil ouvrage aurait suffi à la réputation d'un savant archéologue, cependant, toujours infatigable, M. Baudot s'assurait en 1846 la possession de tous les objets que l'on trouvait alors dans les fouilles de Brochon près Gevrey, et il en fit, ainsi qu'il avait déjà fait pour Charnay, une description et une iconographie qui a été également imprimée dans le cinquième volume des mémoires de la Commission départementale des antiquités de la Côte-d'Or.

Doué d'une remarquable faculté d'organisation, possesseur d'une collection sans rivale, au moins dans quelques-unes de ses parties, M. Henri Baudot reportait encore sa sollicitude sur la Commission archéologique dont il fut président pendant 40 années. Il était depuis longtemps correspondant du ministère de l'Instruction publique. Aussi sa perte fut vivement ressentie de ses collègues et M. Garnier, notre savant et si sympathique conservateur des Archives départementales, terminait un discours auquel nous avons emprunté la plus grande partie de ce qui précède, en disant :

« La Commission des Antiquités a perdu en M. Baudot un président dévoué, la science un archéologue éminent, les beaux-arts un connaisseur éclairé, la société, je ne saurais trop le répéter, un homme de bien. »

Les amateurs nous sauront gré sans doute d'appeler leur attention sur les pièces les plus importantes de cette précieuse collection.

Dans les tableaux le n° 3 de Jean de Bellegambe dont Michiels fait mention dans l'Art flamand au xvᵉ siècle, ainsi que du n° 12, triptyque de Broederlam, petite merveille de conservation et de finesse. Les nᵒˢ 153 et 154, charmants petits intérieurs de Lallemand, dignes du pinceau de Chardin. Le n° 189, beau portrait du chancelier Phélyppeaux, par Rigaud.

Dans les ivoires. Le n° 309 la fameuse plaque consulaire du vᵉ siècle que les anciens auteurs reconnaissent être celle du consul Stilicon et le n° 310, l'Olifant avec son étui en cuir gravé provenant des Bénédictins de Dijon.

Dans les émaux Champlevés, les nᵒˢ 397 à 401, cinq plaques circulaires provenant d'un coffret, le n° 408, grand reliquaire du xɪɪɪᵉ siècle.

Dans les émaux peints de Limoges, les nᵒˢ 439 et 440, plaques circulaires, le roi Artus, et Judas Macchabée de Colin, la curieuse plaque n° 441, Jupiter de Jean de Court.

Dans les bronzes antiques, le n° 480, statuette de Bacchus, que l'on portait dans les cérémonies et fêtes de ce Dieu. Le n° 481, le bras, fragment d'une statue de femme.

Dans les bronzes d'art, le n° 503, groupe de deux lutteurs. Les nᵒˢ 498 et 499, statuettes d'empereurs romains. xvɪᵉ siècle.

Dans les meubles, le n° 549, beau meuble bourguignon du xvɪᵉ siècle et la table à éventail de même époque, n° 550.

Dans les coffrets, le n° 517, grand coffret fer à lames ajourées du xvᵉ siècle. Dans les armes, le n° 614, le splendide colletin bronze repoussé, ciselé et doré de la fin du xvɪᵉ siècle. Dans la coutellerie, le n° 666, le couteau portant la devise et le nom de Tabourot; le n° 670, le couteau à défaire de la maison de Thiar; le n° 668, couteau et fourchette aux armes de Bouton de Chamily. Dans les bijoux, le n° 755, ceinture en argent des sires de Joinville. Dans les marbres et pierres sculptées, le n° 1012, beau retable d'autel triptyque de la fin du xive siècle, provenant de l'abbaye de Cluny. Dans les terres cuites, le n° 1042, deux groupes de trois figures de Clodion; le n° 1058, le groupe enfant qui pleure son oiseau de Lecomte, signé et daté, et enfin pour terminer la merveilleuse collection mérovingienne des objets trouvés à Charnay.

Pour faciliter les recherches des amateurs nous avons essayé de donner, dans un catalogue plus étendu, une idée aussi exacte que possible de chaque pièce importante et nous y avons joint une douzaine de photographies représentant les objets qui nous ont semblé les plus intéressants. On le trouvera déposé aux adresses indiquées ci-dessus. Malgré ses imperfections nous espérons que notre travail aura l'approbation des amateurs, tous nos efforts ont tendu à ce résultat.

TAGINI.

CATALOGUE

RÉSUMÉ DE

LA COLLECTION DE M. BAUDOT

TABLEAUX

ÉCOLES FLAMANDE, HOLLANDAISE ET ALLEMANDE

HENRI VAN BALEN, 1560 † 1632.

1. — Les quatre éléments ; peinture sur marbre, h. 0m46, l. 0m62, dans un beau cadre ancien, bois sculpté doré.

JEAN VAN BALEN, 1611 † 1654.

2. — Sainte Marguerite ; p. sur cuivre, h. 0m33, l. 0m24.

JEAN BELLEGAMBE, de Douai, mort en 1520.

3. — La Trinité ; bois, 0m85 sur 0m52.

VAN PETER BLOEMEN, XVIIe siècle.

4. — Un cheval ; bois, h. 0m36, l. 0m27.

JEAN BOTH, 1610 † 1656.

5. — Paysage ; toile, cadre rond, diamètre 0m54.

ADRIAN BRAUWER, 1608 † 1640.

6. — L'Avare ; bois, h. 0m22, l. 0m17.

BREUGHEL DE VELOURS, 1575 † 1642.

7. — Vénus et Vulcain ; cuivre, h. 0m53, l. 0m65.

8. — La tentation de Saint Antoine ; cuivre, h. 0m22, l. 0m82.

MATHIEU BRILL, 1550†1584.

9. — Saint François d'Assisse (attribué à); cuivre, h. 0^m33, l. 0^m25.

PAUL BRILL, 1554 † 1626.

10. — Paysage; bois, h. 0^m88, l. 1^m38.
11. — Saint François en prière; bois, h. 0^m34, l. 0^m26.

BROEDERLAM MELCHIOR, fin du XIVe siècle.

12. — Triptyque, sur fond doré, la Trinité, Volets, les 4 évangélistes; bois, h. 0^m35, l. 0^m66, ouvert.

CRAESBECK (JOOST VAN), 1608 † 1641.

13. — Un buveur; bois, h. 0^m19, l. 0^m16

CRANACH LUCAS, 1472 † 1553.

14. — Portrait de Frédéric III, duc et électeur de Saxe; bois, h. 0^m365, l. 0^m25.

DENNER (Balthazar), 1685 † 1747.

15. — Tête de vieillard; toile, h. 0^m45, l. 0^m36.
16. — Tête de vieillard; bois, h. 0^m42, l. 0^m33.

JEAN YAN EYCK (école de).

17. — Ecce homo; bois, h. 0^m33, l. 0^m22.
18. — Diptyque, le Christ et la Vierge; bois, h. 0^m20. l. 0^m15.

VAN DEN EECKOUT GERBRANT, 1621 † 1774.

19. — Sainte Madeleine; ardoise, h. 0^m26, l. 0^m21.
20. — L'entrée des catacombes (dans le genre de); toile, h. 0^m52, l. 0^m70.

FRANCK (Franz), 1581 † 1642.

21. — Hippocrate refusant les présents d'Artaxercès; cuivre, h. 0^m41, l. 0^m31, dans un cadre bois sculpté doré ancien.

FRANZ FRANCK et DANIEL SEGHERS.

22. — La décollation de Saint Jean ; bois, haut 0m60, l. 0m47.

GRIEF (Anton.), XVIIe siècle.

23. — Paysage et gibier ; toile, h. 0m73, l. 0m92. Signé.
24. — Aigle dévorant un canard (attribué à) ; toile, h. 0m38, l. 0m28.

VAN HELLEMONT, XVIIe siècle.

25. — Intérieur de boucherie (signé à droite) ; toile, h. 0m58, l. 0m81.

HANS HOLBEIN, 1498-1554.

26. — Portrait de Calvin (attribué à) ; bois, h. 0m27, l. 0m35.

WILHEM VAN MAHUE, XVIIe siècle.

27. — Intérieur de cabaret ; toile, h. 0m57, l. 0m82.

ÉTIENNE MARTELLENGE, XVIe siècle.

28. — Portrait de Pierre Phœnix, conseiller au parlement de Dôle ; bois, h. 0m43, l. 0m39.

QUINTEN MATSYS, 1460 † 1531.

29. — Ecce homo (attribué à) ; cuivre, h. 0m26, l. 0m20, cadre ancien bois sculpté doré, XVIIe siècle.
30. — La mère de douleurs, pendant du précédent, cuivre, mêmes dimensions et cadre.

THÉODORE MICHAU, XVIIe siècle.

31. — Paysage ; bois, h. 0m46, l. 75.

GUILLAUME MIERIS, XVIIe siècle.

32. — Le marchand de marrons ; toile, h. 0m56, l. 0m36.

GABRIEL METZU, 1615 † 1658.

33. — La belle endormie (attribué à) ; bois, h. 0m16, l. 0m14.

CONSTANTIN NETSCHER, 1670 † 1722.

34. — Une sultane (attribué à) ; toile, h. 0m70, l. 0m47.

EGLON VANDER NEER, 1643 † 1706.

35. — La pose (attribué à) ; bois, h. 0m20, l. 0m14.

OTTO MARCELLIS, XVIIe siècle.

36. — Plantes et insectes ; toile, h. 0m33, l. 0m43.

CORNEILLE POELEMBURG, 1586 † 1667.

37. — Diane au bain (dans le genre de) ; bois, h. 0m24, l. 0m27.

FRANÇOIS PORBUS, XVIe siècle.

38. — Portrait d'Henriette de Balzac (attribué à) ; toile, h. 0m18, l. 0m15.

39. — Portrait de Luther (attribué à) ; bois, h. 0m16, l. 0m135.

REMBRANDT (VAN RYN), 1608 † 1669.

40. — Tête de vieillard (dans le goût de) ; bois, h. 0m18, l. 0m14.

ROTTENHAMMER (Johann), 1564 † 1608.

41. — La sainte famille (attribué à) ; cuivre, h. 0m22, l. 0m18.

RUBENS (Pierre-Paul), 1577 † 1640.

42. — Le martyr de Saint Paul (esquisse attribuée à) ; toile, h. 0m36, l. 0m20.

RUGENDAS, XVIIe siècle.

43. — Une bataille (attribué à) ; toile, h. 0m42, l. 0m63.

44. — Une bataille (attribué à) ; toile, h. 0m54, l. 0m72, cadre ancien bois sculpté doré.

DAVID RYCKAERT, XVIIe siècle.

45. — Les forgerons ; toile, h. 0m33, l. 0m24.

SCHOOREL (Jean), 1495 † 1562.

46. — Saint Christophe, bois, h. 0m49, l. 0m25.

SEGHERS (Daniel), 1590 † 1660.

47. — La Sainte Vierge et couronne de fleurs (attribué à); cuivre, h. 0m22, l. 0m17.

GÉRARD SEGHERS, 1591 † 1652.

48. — Saint Pierre reniant Jésus (copie d'après); cuivre, h. 0m38, l. 0m50.

49. — Saint Pierre reniant Jésus (copie); toile, h. 0m30, l. 0m40.

VAN SCHAENDEL.

50. — Jeune fille lisant une lettre ; toile, h. 0m61, l. 0m52.

BARTHÉLEMI SPRANGER, XVIe siècle.

51. — Ecce homo ; bois, h. 0m55, l. 0m45.

JURIAN VAN STREECH.

52. — Nature morte ; toile, h. 0m60, l. 0m42.

HERMAN SWANEVELT dit HERMAN d'ITALIE.

53. — Paysage; toile, h. 0m47, l. 0m60.

DAVID TENIERS, 1610 † 1694.

54. — Les joueurs (dans le genre de); toile, h. 0m38, l. 0m31.

55. — Paysage (dans le genre de); toile, h. 0m45, l. 0m55.

56. — Saint Antoine, signé à la pointe D. T.; cadre, bois sculpté doré ; bois, h. 0m09, l. 0m11.

57. — Paysage (école de) ; bois, h. 0m23, l. 0m33.

58. — Intérieur flamand (école de); bois, h. 0m18, l. 0m24.

VANDER WERFF, 1659 † 1722

59. — Le repos de Vénus (attribué à) ; bois, h. 0m29, l. 0m27.

VERMEYEN, JEAN CORNEILLE, XVIe siècle.

60. — Ecce homo ; bois, h. 0m24, l. 0m17.

ÉCOLE FLAMANDE, XVIIe siècle.

61. — La tentation de Saint Antoine, signé du monogramme. V.AB. ; bois, h. 0m28, l. 0m40.

ÉCOLE ALLEMANDE, XVe siècle.

62-63. — Deux volets de triptyque ; h. 1m07, l. 0m43.

ÉCOLE FLAMANDE, XVe siècle.

64. — Saint Martin ; bois, h. 0m26, l. 0m39.

65. — Jésus essuie sa face sur un linge ; bois, h. 0m62, l. 0m28.

66. — Jésus présenté au peuple ; bois, h. 0m80, l. 0m30.

ÉCOLE FLAMANDE, XVIe siècle.

67. — Portrait, volet de triptyque ; bois, h. 0m50, l. 0m23.

68. — Portrait pendant du précédent.

69. — La Flagellation ; bois, h. 0m24, l. 0m17.

ÉCOLE FLAMANDE, XVe siècle.

70. — Saint Jérôme en prière ; bois, h. 0m60, l. 0m28.

ÉCOLE FLAMANDE, XVe siècle.

71. — Portrait de Philippe le Hardi, copie

72. — Portrait de Jean sans Peur, copie.

73. — Portrait de Philippe le Bon, copie.

74. — Portrait de Charles le Téméraire, copie ; toile, h. 0m60, l. 0m46.

ÉCOLE FLAMANDE, XVe siècle.

75. — Portrait de Philippe le Bon (copie); toile, h. 0m32, l. 0m38.

ECOLE ALLEMANDE, XVIe siècle.

76. — Portrait de Charles-Quint.

ÉCOLE ALLEMANDE, XVIIIe siècle.

77. — L'ange et Tobie ; bois, h. 0m19, l. 0m18.

78. — Un sacrifice de l'ancienne loi ; bois, h. 0m19, l. 0m20.

ECOLE FLAMANDE, fin XVIe siècle.

79. — Sainte Famille ; bois, h. 0m65, l. 0m45.

ÉCOLE FLAMANDE, XVIIe siècle.

80. — Sainte Catherine (cadre ébène) ; h. 0m16, l. 0m13.
81. — La nativité de N.-S.
82. — Attributs des sciences ; toile, h. 0m80, l. 1m05.
83. — Fleurs et fruits ; toile, h. 0m64, l. 0m96.
84. — Intérieur flamand, signé Æ ; bois, h. 0m20, l. 0m18.
85. — Nature morte ; toile, h. 0m62, l. 0m75.
86. — Fleurs (sur bois).
87. — Le Songe ; toile sans cadre, h. 0m97, l. 0m80.
88. — Le singe artiste ; toile, h. 0m25, l. 0m22.
89. — Allégorie ; bois, h. 0m29, l. 0m40.
90. — Saint Antoine en prière ; toile, h. 0m40, l. 0m32.
91. — Paysage ; cuivre, h. 0m045, l. 0m14.
92. — Paysage ; toile, h. 0m38, l. 0m36.
93. — Le martyre de Saint-Etienne (esquisse) ; bois, h. 0m24, l. 0m185.
94. — Un fumeur ; bois, h. 0m18, l. 0m24.
95. — Fruits d'automne ; bois, h. 0m28, l. 0m21.
96. — Paysage dans le goût de Roland Saavery ; cuivre, h. 0m16, l. 0m20.

ÉCOLE FLAMANDE, XVIIIe siècle.

97. — Jésus enfant ; cadre ovale, cuivre rectangulaire, h. 0m18, l. 0m15.
98. — La Sainte Vierge ; pendant du précédent.
99. — Paysage ; bois, h. 0m39, l. 0m44.
100. — Pigeons et perroquet ; bois, h. 0m37, l. 0m49.

101. — Nature morte ; bois, h. 0m27, l. 0m22.

102. — Allégorie de la vie et de la mort ; ardoise, h. 0m31, l. 0m23. Cadre bois noir, orné de cuivres repoussés.

103. — Sainte Geneviève sur marbre ; cadre ancien ébène, h. 0m31, l. 0m28.

ÉCOLE FRANÇAISE

BELAY, XVIIIe siècle.

104. — Paysage (au dos une ancienne note) ; bois, h. 0m25, l. 0m30.

BERTIN (Jean-Victor), 1775 † 1842.

105. — Etude d'arbres ; toile, 0m52, l. 0m38.

BONNEFOND DE LYON, XIXe siècle

106. — La prise de Missolonghi ; toile, h. 0m33, l. 0m30.

BOUCHER (François), 1704 † 1770.

107. — Le triomphe de Thétis ; toile collée sur bois, h. 0m33, l. 0m41.

BOUDAIR (Ph.), XIXe siècle.

108. — Une flagellation ; toile, h. 0m38, l. 0m45.

BRUANDET, XVIIIe siècle.

109. — Paysage (attribué à) ; toile, h. 0m23, l. 0m32.

LE BRUN (Ch.), 1619 † 1690.

110. — Le sacrifice de Polyxène ; cadre ancien, bois sculpté doré, toile, h. 1m65, l. 1m35, attribué à.

DE CAPPE (Stéphane), XIXe siècle.

111. — Fleurs ; toile, h. 0m30, l. 0m25.

CHALAMET (Pierre-Louis-Victor), XIXe siècle.

112. — Intérieur d'artiste (salon 1837) ; toile, h. 0m32, l. 0m41.

JEHANNET-CLOUET (François), XVIe siècle.

113. — Portrait de la duchesse de Lorraine (attribué à) ; bois, h. 0m18, l. 0m16.

114. — Portrait de Charles IX (école des Clouet) ; bois, h. 0m27, l. 0m22.

115. — Portrait de Louise de Lorraine (école des Clouet) ; bois, 0m27, l. 0m22.

116. — Portrait de Henri II, roi de France (école des Clouet) ; bois, h. 0m30, l. 0m19.

117. — Portrait de Marguerite de Navarre (école des Clouet) ; bois, h. 0m30, l. 0m21.

118. — Portrait de Catherine de Médicis (école des Clouet) ; bois, h. 0m27, l. 0m21.

CŒUR, XIXe siècle.

119. — Les sœurs se rendant à la prière, toile, h. 0m25, l. 0m36.

COURTOIS (Jacques), dit le BOURGUIGNON ? 1621 † 1676.

120. — Bataille ; bois, h. 0m60, l. 0m82.

DANSSE (J.-F.), XVIIIe siècle.

121. — Portrait du peintre S. Kupersky ; sur carton signé, daté au dos 1747, h. 0m22, l. 0m16.

122. — Portrait d'homme pendant du précédent.

DAVID (Jacques-Louis), 1748 † 1825.

123. — Le dévouement de Cimon ; toile, h. 0m36, l. 0m44.

124. — Un enlèvement (esquisse dans le genre de) ; toile, h. 0m47, l. 0m60.

DEMAY, XIXe siècle.

125. — Paysage ; sur le châssis, signature et date 1825, toile, h. 0m20, l. 0m26.

126. — Vue des environs de Paris, toile, h. 0m42, l. 0m64.

DEVOSGE (Anatole), 1770 † 1850.

127. — Allégorie, esquisse ; toile, h. 0m24, l. 0m18.

128. — Hercule et Phillo, esquisse ; toile, h. 0m23, l. 0m30.

129. — Saint Jean prêchant, esquisse signée A. Devosge ; toile, h. 0m15, l. 0m11.

DROLING, 1752 † 1817.

130. — L'enfant à la cage ; cuivre étamé, h. 0m13, l. 0m095.

FAVIER, XVIIIe siècle.

131. — Vue de la rotonde de Saint-Bénigne ; bois, h. 0m33, l. 0m43.

FILLIETTE, XVIIIe siècle.

132. — Vénus et l'amour (signé à droite) ; peint sur spath fluor, cadre ancien, h. 0m13, l. 0m08.

133. — Vénus et l'amour, pendant du précédent ; cadre ancien, h. 0m13, l. 0m08.

GUÉRIN (P.-Narcisse), 1724 † 1833.

134. — La leçon d'Archimède (esquisse attribuée à) ; toile, h. 0m20, l. 0m26.

135. — Le serment d'Annibal, pendant du précédent.

FREMINET (Martin), 1567 † 1619.

136. — Les titans escaladant le ciel ; bois, h. 0m50, l. 0m58, au dos ancienne attribution.

GARNERAY, XIXe siècle.

137. — Intérieur de l'église de Saint-Germain-l'Auxerrois ; bois, h. 0m25, l. 0m20.

GAGNEREAUX (Bénigne), 1756 † 1795.

138. — Cheval effrayé.

GUINDRAND (Antoine), 1801 † 1843.

139. — Paysage (esquisse attribuée à) ; toile, h. 0m19, l. 0m29.

140. — Portrait d'homme, pastiche de Rembrandt, dans un cadre ancien, bois sculpté doré, bois, h. 0m85, l. 0m65.

GARRIE (H.), XIXe siècle.

141. — Paysage ; toile, h. 0m58, l. 0m47.

GRESLY (Gabriel), 1710 † 1756.

142. — Portrait de femme ; toile, h. 0m32, l. 0m27.

143. — Un vieillard (attribué à) ; toile, h. 0m40, l. 0m32.

GREUZE (J.-B.), 1725 † 1805.

144. — Un moissonneur (esquisse) ; toile collée sur carton, h. 0m18, l. 0m15.

HOIN (Claude), 1750 † 1817.

145. — Portrait de jeune fille (printemps, pastel) ; signé et daté 1813, ovale, h. 0m55, l. 0m45.

146. — Portrait de jeune femme (automne) ; pastel, pendant du précédent.

JEAURAT (Étienne), 1699 † 1789.

147. — Une leçon ; sujet tiré des mélanges de littérature orientale, toile, h. 0m39, l. 0m47.

LACROIX, élève de VERNET.

148. — Etude de rochers, effet du soir ; toile, h. 0m62, l. 0m49.

149. — Une tempête ; bois, h. 0m15, l. 0m15.

150. — Temps calme, pendant du précédent.

151. — Marine (le soir) ; toile, h. 0m53, l. 0m62.

J.-B. LALLEMAND, 1710 † 1803.

152. — Vue de Pouzzol, paysage; toile, h. 0^m21, l. 0^m31.

153. — Intérieur de l'atelier du maître, signé; toile, h. 0^m41, l. 0^m33.

154. — Intérieur de la cuisine, signé, pendant du précédent.

155. — Paysage marine (le matin), beau cadre bois sculpté doré; bois, h. 0^m25, l. 0^m37.

156. — Paysage le soir, pendant du précédent.

157. — Marine tempête (signé au dos); toile, h. 0^m20, l. 0^m28.

158. — Paysage (attribué à Lallemand); toile, h. 0^m60, l. 0^m95.

N^as de LARGILLIÈRE, 1656 † 1746

159. — Portrait de Du Cange (attribué à); toile, h. 0^m61, l. 0^m51.

LÉCURIEUX (J.-J.), 1801 † 1867.

160. — Martyre de Saint Bénigne; toile, h. 0^m50, l. 0^m35.

161. — Intérieur (signé à gauche); toile, h. 0^m32, l. 0^m25.

162. — Intérieur, signé, pendant du précédent.

163. — La lecture (intérieur); toile, h. 0^m18, l. 0^m21.

LEDOUX (Mlle), élève de GREUZE.

164. — Tête de jeune fille, esquisse; toile, h. 0^m40, l. 0^m31.

LEBLOND MICHEL, XVIIe siècle.

165. — La mort de la Sainte Vierge; toile sans cadre, h. 0^m84, l. 0^m65.

LENAIN, XVIIe siècle.

166. — Vieillard se chauffant; toile, h. 0^m64, l. 0^m48.

LEPRINCE (J.-B.), XVIIIe siècle.

167. — La musique; bois, h. 0^m205, l. 0 155.

MALLARD (Pierre), XIXe siècle.

168. — Paysage, vue prise près de Seurre; bois, h. $0^{m}20$, l. $0^{m}30$.

MIGNARD (PIERRE), dit le ROMAIN.

169. — Portrait de jeune femme, cadre arrondi en haut; bois sculpté doré ancien, h. $1^{m}25$, l. $0^{m}90$.

NATOIRE, 1700 † 1777

170. — Vénus et les amours ; toile, h. $1^{m}05$, l. $0^{m}94$.

LEMOINE (François), 1688 † 1737.

171. — Sujet d'histoire ancienne ; toile, h. $0^{m}38$, l. $0^{m}32$.

MONNOYER (Jean-Baptiste), 1634 † 1699.

172. — Vase de fleurs ; toile, h. $0^{m}46$, l. $0^{m}36$.

MOUCHET, élève de Greuze, 1740 † 1814.

173. — Allégorie ; esquisse du tableau acheté par le gouvernement, toile, h. $0^{m}55$, l. $0^{m}45$.

174. — Tête d'étude de la vérité du tableau précédent, signé à la plume, papier sur toile, h. $0^{m}44$, l. $0^{m}34$.

175. — La mort d'Adonis ; esquisse, carton, h. $0^{m}25$, l. $0^{m}22$.

NESLE (Eugène), 1819 † 1871.

176. — La place Monge à Beaune; toile, $0^{m}35$, l. $0^{m}50$.

NANTEUIL (Célestin), 1813 † 1873.

177. Allégorie (vente Nanteuil, à Dijon) ; toile sans cadre, h. $0^{m}78$, l. $0^{m}63$.

OUDRY (Jean-Baptiste), 1686 † 1755.

178. — Gibier gardé par un chien (attribué à) ; toile, $0^{m}54$, l. $0^{m}75$.

PRUD'HON (Pierre-Paul), 1758 † 1823.

179. — Martyre de Sainte Catherine (esquisse attribuée à); toile, h. $0^{m}33$, l. $0^{m}25$.

180. — Le temps découvre la vérité (attribué à) ; toile, h. 0m58, l. 0m47.

181. — Le départ d'Hector (esquisse attribuée à); toile, h. 0m33, l. 0m41.

182. — La mort d'Hector (esquisse attribuée à) ; toile, pendant du précédent.

183. — L'amour et Psyché (étude dans le genre de) ; carton, h. 0m30, l. 0m22.

PATER (Jean-Baptiste), 1695 † 1736.

184. — Déjeuner sous la tonnelle (attribué à) ; bois, h. 0m19, l. 0m14.

PILLEMENT, XVIIIe siècle.

185. — Intérieur de forêt (attribué à) ; bois, h. 0m28, l. 0m19.

DOM RENÉ, chartreux de la maison de Dijon, XVIIIe siècle.

186. — Ruines d'un temple ; h. 0m25, l. 0m30.

187. — Portrait de Dom René par lui-même ; esquisse toile, h. 0m45, l. 0m40.

REVEL (Gabriel), 1643 † 1712.

188. — Portrait de Philibert Jehannin ; cadre ancien, toile, h. 0m50, l. 0m41.

RIGAUD (Hyacinthe), 1659 † 1743.

189. — Portrait de Phélyppeaux, conseiller et garde des sceaux ; très beau portrait toile, h. 1m18, l. 0m85.

190. — Portrait du marquis de Croï (attribué à) ; toile, h. 1m25, l. 0m95.

191. — Portrait de Louis XIV (copie d'après) ; cadre bois sculpté doré ovale, toile, h. 0m41, l. 0m33.

192. — Portrait de Bénigne Bouhier (dans le genre de) ; beau cadre bois sculpté doré, toile, h. 0m95, l. 0m78.

HUBERT (Robert), 1733 † 1808.

193. — Fontaine de Vaucluse (attribué à); toile; h. 0m33, l. 0m40.

GILBERT de SÈVE, 1615 † 1698.

194. — La Cène.

195. — Jésus au milieu des docteurs; toiles sans cadres, h. 0m45, l. 0m57.

LE SUEUR (Eustache), 1617 † 1655.

196. — Sainte Thérèse (attribué à); cadre ancien, bois sculpté doré, toile, h. 0m30, l. 0m24.

SWEBACH (Jean-François), 1769 † 1823.

197. — Bataille (signé à gauche); toile, h. 0m56, l. 0m60.

198. — Le retour du marché signé à droite; toile, h. 0m26, l. 0m33.

VERNET (Joseph), 1714 † 1789.

199. — Paysage (signé à droite); toile, h. 0m24, l. 0m31.

PERRONEAU (J.-B.), 1715 † 1783

200. — Portrait d'une jeune dame (pastel); pastel sous verre, h. 0m52, l. 0m40.

WATTEAU (Antoine), 1684 † 1721.

201. — Le repas champêtre (attribué à); beau cadre ancien, bois sculpté doré, bois, h. 0m35, l. 0m26.

202. — La danse; beau cadre ancien, pendant du précédent.

WATTEAU (Louis) dit de LILLE, XVIIIe siècle.

203. — Le retour du marché, signé L. Watteau 1785; cadre ancien bois sculpté doré; bois, h. 0m23, l. 0m34.

204. — L'heureuse pêche, signé et daté 1785; cadre ancien, pendant du précédent.

ÉCOLE FRANÇAISE, XVIe siècle.

205. — Portrait de Louis XI ; h. $0^{m}27$, l. $0^{m}20$.
206. — Portrait du Comte de Hornes ; bois, h. $0^{m}28$, l. $0^{m}21$.
207. — La Grande Chartreuse ; bois, h. $0^{m}48$, l. $0^{m}61$.
208. — Portrait d'un jeune prince ; bois, h. $0^{m}55$, l. $0^{m}45$.
209. — Portrait de jeune dame ; bois recoupé, h. $0^{m}25$, l. $0^{m}19$.
210. — Portrait, pendant du précédent.
211. — Portrait de Charles VIII ; bois, h. $0^{m}30$, l. $0^{m}23$.
212. — Fondation de l'ordre de la Visitation ; bois, h. $0^{m}25$, l. $0^{m}19$.
213. — Portrait de femme ; bois, h. $0^{m}35$, l. $0^{m}27$.
214. — Portrait de femme ; bois, h. $0^{m}65$, l. $0^{m}47$.
215. — Portrait de Jacques Clément ; toile cadre rond, h. $0^{m}19$, l. $0^{m}17$.
216. — Portrait du duc de Mayenne.
217. — Portrait de Charles de Cossé.
218. — Portrait de de Rupert Lambert.
219. — Portrait de François de Guise.
220. — Portrait de Montgomery.
221. — Portrait de Jean Chatel.
222. — Portrait en costume époque Henri IV.
223. — Portrait d'homme, époque Henri IV, daté 1598 ; bois, h. $0^{m}40$, l. $0^{m}32$.
224. — Mort de Henri III, bois, h. $0^{m}28$, l. $0^{m}22$.

ÉCOLE FRANÇAISE, XVIIe siècle.

225. — Le Calvaire ; toile, h. $0^{m}95$, l. $1^{m}05$.
226. — Portrait du président Bouhier ; toile, h. 1^{m}, l. $0^{m}78$.

227. — Portrait de Pierre Legoux ; toile, h. 0^m65, l. 0^m47.

228. — Portrait d'un ecclésiastique.

229. — Portrait de femme, costume époque Louis XIV.

230. — Portrait de femme, costume époque Louis XIV.

231. — Tête de vieillard.

232. — Tête de vieillard.

233. — Portrait du duc d'Epernon ; toile, h. 0^m60, l. 0^m48.

234. — Portrait de Bourdaloue ; cuivre, h. 0^m27, l. 0^m21.

235. — Portrait de jeune page ; cuivre, h. 0^m17, l. 0^m14.

236. — Portrait de Charles de Longueval.

237. — Portrait du baron de la Garde.

238. — Portrait du baron de Tilly.

239. — Portrait d'Alexandre Farnèse.

240. — Portrait d'une princesse française ; toile, h. 0^m28, l. 0^m23.

241. — Portrait de C.-G. Bachet, seigneur de Mézéria ; toile, h. 0^m43, l. 0^m31.

242. — Portrait de Bussy-Rabutin ; toile, h. 0^m85, l. 0^m65.

243. — Portrait de Ravaillac ; toile, h. 0^m40, l. 0^m34.

244. — Portrait du duc de Veymar ; toile, h. 0^m62, l. 0^m50.

245. — Bacchus et Ariane, peints sur deux volets de meuble.

ECOLE FRANÇAISE, XVIIIe siècle.

246. — Bouquet de fleurs, anémones et roses ; toile ovale, h. 0^m37, l. 0^m45.

247. — Paysage ; toile, 0^m32, l. 0^m40.

248. — Projet de plafond, allégorie ; toile, h. 0^m35, l. 0^m48.

249. — Vénus caressant l'amour ; toile, h. 0^m45, l. 0^m30.

250. — Paysage ; bois, h. 0^m21, l. 0^m25.

251. — Paysage, bois, pendant du précédent.
252. — Le matin, paysage.
253. — Le soir, paysage.
254. — Le repos du voyageur; toile, h. 0^m31, l. 0^m23.
255. — Diane et Actéon (esquisse); toile, 0^m40, l. 0^m30.
256. — Portrait de Daubenton; toile, h. 0^m48, l. 0^m39.
257. — Portrait d'Aimé Piron; toile, h. 0^m90, l. 0^m70.
258. — Portrait de Berbisey; toile, h. 0^m92, l. 0^m78.
259. — Portrait du cardinal Le Camus; toile ovale, h. 0^m65, l. 0^m50.
260. — Portrait de l'abbé Calmelet, dernier commandeur de l'ordre hospitalier du Saint-Esprit de Dijon; toile, h. 0^m61, l. 0^m58.
261. — Paysage, dans le genre de V. Bertin.
262. — Paysage, bois, 0^m26, l. 0^m41.
263. — Etude de paysage, toile, h. 0^m54, l. 0^m44.
264. — Etude de paysage, carton, h. 0^m31, l. 0^m24.
265. — Vue de Naples; toile, h. 0^m35, l. 0^m54.
266. — Fleurs, peint sur porcelaine (rond, diamètre 0^m24).

ÉCOLE ITALIENNE

L'ALBANE, 1570 † 1660.

267. — La toilette de Vénus (d'après); toile, h. 0^m26, l. 0^m34.

BASSAN (Léandre), 1558 † 1623.

268. — Jésus chasse les vendeurs du temple (esquisse attribuée à); toile, h. 0^m56, l. 0^m45.

BARBIERI (F. G.), dit le GUERCHIN, 1591 † 1666.

269. — La vendange (attribué à); toile, h. 0^m64, l. 0^m59.

270. — Le Christ couronné d'épines (attribué à) ; toile sans cadre, h. 0m80, l. 0m90.

CARLO DOLCI, 1616 † 1686.

271. — Ecce homo (attribué à) ; cuivre, h. 0m28, l. 0m22.
272. — La flagellation (attribué à) ; toile, h. 0m40, l. 0m50.

LUCA GIORDANO, 1632 † 1703.

273. — La vision d'un anachorète ; cuivre, h. 0m16, l. 0m21.

MANFREDI (Barthélemi).

274. — Le chat emmaillotté (attribué à) ; toile, h. 0m95, l. 1m35.

LUIS DE MORALES, 1509 † 1586 (école espagnole).

275. — Ecce homo (attribué à) ; bois, h. 1m, l. 0m74.

MURILLO BARTHOLOMÉ ESTEBAN, 1618 † 1682.

276. — Les bulles de savon (attribué à) ; toile, h. 0m67, l. 0m48.

NANINI, XVIIe siècle.

277. — Jésus dépouillé de ses vêtements (attribué à) ; toile, h. 0m35, l. 0m50.

ÉCOLES ITALIENNE, ESPAGNOLE, ETC.

PALMA JACOPO, 1541 † 1628.

278. — L'adoration des bergers ; toile, h. 0m37, l. 0m30.

PIAZZETTA (J.-B.), 1682 † 1754.

279. — L'ivresse ; toile, h. 0m76, l. 0m61.

RAPHAEL SANZIO, 1483 † 1520.

280. — La sainte famille (copie d'après) ; bois, h. 0m40, l. 0m30.

281. — L'assemblée des Dieux (copie d'après); toile, h. 0m40, l. 0m95.

SALVATOR ROSE, 1615 † 1673.

282. — Paysage (attribué à) ; toile, h. 0m20, l. 0m27.

283. — Paysage (attribué à) ; toile, h. 0m20, l. 0m27, pendant du précédent.

284. — Paysage (attribué à) ; toile, h. 0m31, l. 0m40.

285. — Bataille (le départ) (attribué à) ; toile, h. 0m31, l. 0m40, pendant du précédent.

ROOS (Jean-Henri), 1631 † 1685.

286. — Paysage et animaux ; cadre ancien sculpté, toile 0m70, l. 0m84.

TIEPOLO (école italienne), XVIIe siècle.

287. — Sujet inconnu (cadre sculpté doré); toile, h. 0m61, l. 0m77.

VANNUCHI dit ANDRÉ DEL SARTO, 1488 † 1530.

288. — Sainte Vierge tenant l'enfant Jésus (attribué à); bois, h. 0m52, l. 0m40.

VELASQUEZ, DON DIEGO DE SYLVA, 1599 † 1660.

289. — Portrait d'une infante d'Espagne ; toile, h. 1m15, l. 0m90.

ECOLE ITALIENNE, XVIe siècle.

290. — Sainte Marie-Madeleine ; bois, h. 0m46, l. 0m38.

291. — La Sainte Vierge et l'enfant Jésus ; cuivre, h. 0m17, l. 0m13.

292. — La veuve vénitienne ; bois, h. 0m27, l. 0m20.

293. — La Sainte Vierge et l'enfant Jésus ; bois, h. 0m51, l. 0m38.

294. — La Sainte Vierge et l'enfant Jésus ; cuivre ovale, h. 0m22, l. 0m18.

ECOLE ITALIENNE, XVIIe siècle.

295. — Paysage, cadre bois doré ; toile ovale, h. 0m50, l. 0m42.

296. — Sainte Madeleine ; toile, h. 0m49, l. 0m41.

297. — Mater dolorosa, cadre ancien bois doré, h. 0m37, l. 0m25.

298. — Une sainte martyre ; toile, h. 0m94, l. 77.

299. — Ganymède ; toile, h. 0m56, l. 0m46.

300. — Vénus et l'amour ; toile, h. 0m14, l. 0m10.

301. — Paysage ; toile, h. 0m56, l. 0m77.

302. — Apparition de la Sainte Vierge ; sur marbre, h. 0m20, l. 0m16. Cadre arrondi en haut.

ECOLE ESPAGNOLE, XVIIe siècle.

303. — L'avare puni ; toile, h. 0m96, l. 1m20.

304. — Apparition de la Sainte Vierge ; toile, h. 0m59, l. 0m42.

ECOLE ITALIENNE, XVIIIe siècle.

305. — La douleur d'Arthémise ; toile, h. 0m55, l. 0m67.

306. — Vue d'un canal à Venise ; cuivre, h. 0m27, l. 0m22.

307. — Ermite méditant sur la mort ; toile sans cadre, h. 0m90, l. 0m40.

308. — Sous ce numéro seront vendus les tableaux omis dans le catalogue.

IVOIRES SCULPTÉS

309. — Diptyque, plaque consulaire, ve siècle, h. 0^{m}38.

310. — Olifant, xe siècle, et son étui cuir gravé : long, 0^{m}60, diam. 0^{m}13.

311. — Olifant, XIIIe siècle ; long. 0^{m}40, diam. 0^{m}045.

312. — Olifant, XIIIe siècle ; long. 0^{m}32, diam. 0^{m}05.

313. — Olifant, XIVe siècle ; long. 0^{m}32, diam. 0^{m}06.

314. — Olifant, XVe siècle, à embouchure latérale ; long. 0^{m}38, diam. 0^{m}075.

315. — Olifant, XVe siècle ; long. 0^{m}27, diam. 0^{m}055.

316. — Baiser de paix, XIVe siècle ; h. 0^{m}15, l. 0^{m}08.

317. — Plaque de diptyque, fin XIVe siècle ; h. 0^{m}09, l. 0^{m}05.

318. — Feuillet de diptyque, XIVe siècle ; h. 0^{m}11, l. 0^{m}085.

319. — Feuillet de diptyque, fin XIVe siècle ; h. 0^{m}15, l. 0^{m}09.

320. — Bas-relief en os, XVe siècle ; h. 0^{m}15, l. 0^{m}13.

321. — Plaque de diptyque, XVe siècle ; h. 0^{m}14, l. 0^{m}075.

322. — Diptyque, travail français, XVe siècle ; h. 0^{m}17, l. ouvert, 0^{m}19.

323. — Manche de couteau, XVIe siècle ; h. 0^{m}085.

324. — Manche de couteau, XVIe siècle ; h. 0^{m}09.

325. — Manche de couteau, XVIIe siècle ; h. 0^{m}09.

326. — Pied de coupe, travail français, XVIIe siècle ; h. 0^{m}16, diam. 0^{m}11.

327. — Vidrecome, travail flamand, XVIIe siècle ; h. 0^{m}23 diam. 0^{m}14, monture argent doré.

328. — Ceinture de moine, XVIIe siècle ; avec chapelet médailles et plaque agrafe.

329. — Bas-relief, dessus de boîte, XVIIe siècle, h. 0^{m}08, l. 0^{m}10.

330. — Coupe ovale à rinceaux et personnages, XVIIe siècle; h. 0m10, grand diam. 0m145, petit diam. 0m125.

331. — Vidrecome, XVIIIe siècle; h. 0m14, diam. 0m04.

332. — Bas-relief, XVIIe siècle; h. 0m14, l. 0m07.

333. — Bas-relief, XVIIe siècle; scène galante.

334. — Bas-relief, XVIe siècle; taverne flamande.

335. — Baiser de paix, XVe siècle; h. 0m095, l. 0m065.

336. — Baiser de paix, crucifixion; h. 0m09, l. 0m06.

337. — Baiser de paix, travail français; h. 0m14, l. 0m08.

338. — Triptyque, XVIe siècle; h. 0m11, l. 0m17.

339. — Ecce homo, statuette, h. 0m11.

340. — Sainte Vierge, statuette, h. 0m11.

341. — Ecce homo, bas-relief XVIIe siècle; h. 0m11, l. 0m06.

342. — Plaque haut reliefs sainte Madeleine, XVIIe siècle, monté sur cuivre doré; h. 0m26, l. 0m18.

343. — Bas-relief italien, XVIIe siècle, sur ébène; h. 0m12.

344. — Bas-relief allemand, XVIIe siècle; h. 0m05, l. 0m07, dessus de boîte.

345. — Bas-relief français, XVIIIe siècle, Louis XV; h. 0m10, l. 0m135.

346. — Petit triptyque, la sainte Vierge et deux anges; h. 0m11, l. 0m17 ouvert.

347. — Saint Michel, groupe, XVIIIe siècle; h. 0m32 sur terrasse, bois sculpté.

348. — Saint François d'Assisse, XVIIe siècle, statuette, bois et ivoire, h. 0m30.

349. — Diptyque italien; h. 0m33, l. 0m42 ouvert.

350. — Groupe flamand, XVIIe siècle; h. 0m12.

351. — Statuette, sainte Anne; h. 0m13.

352. — Statuette, la sainte Vierge; h. 0m095.

353. — Statuette, saint Charles Borromée, XVIIe siècle ; h. 0^m08.

354. — Statuette, Jésus enfant, XVIIe siècle espagnol ; h. 0^m195.

355. — Statuette, saint Moine, XVIIe siècle espagnol ; h. 0^m16.

356. — Statuette, sainte Vierge, XVIIe siècle espagnol ; h. 0^m195.

357. — Statuette, sainte Vierge et enfant Jésus, XVIIe siècle ; h. 0^m155.

358. — Statuette, sainte Vierge et enfant Jésus, XVIIe siècle ; h. 0^m17.

359. — Statuette, sainte Thérèse, XVIe siècle ; h. 0^m155.

360. — Statuette, sainte Vierge et l'enfant Jésus, XVIe siècle ; h. 0^m22.

361. — Statuette, sainte Vierge et l'enfant Jésus, XIVe siècle ; h. 0^m10.

362. — Statuette, sainte Vierge et enfant Jésus, XIVe siècle ; h. 0^m10.

363. — Statuette, Hercule Farnèse ; h. 0^m07, ébauche.

364. — Statuette, marchande de poissons ; h. 0^m06, travail flamand, XVIIIe siècle.

365. — Statuette, saint Etienne ; h. 0^m06 sur socle ajouré.

366. — Statuette, enfant au tambour ; h. 0^m08, français XVIIIe siècle.

367. — Deux petits bustes, Jean qui rit et Jean qui pleure sur piédouche ébène ; h. 0^m04, français XIXe siècle.

368. — Manche de couteau de chasse ; h. 0^m09, travail flamand, XVIe siècle.

369. — Manche de poignard? h. 0^m10, travail français, XVIe siècle.

370. — Vase cylindrique, travail allemand; h. 0^{m}13, d. 0^{m}11.

371. — Seau à eau bénite; travail italien, h. 0^{m}19, diamètre en haut, 0^{m}11.

372. — Vidrecome à bas-relief chasse ; h. 0^{m}11, diam. 0^{m}10.

373. — Rape à tabac; XVIIIe siècle.

374. — Plaque de rape à tabac ; XVIIIe siècle.

375. — Plaque de rape à tabac; XVIIIe siècle.

376. — Plaque de rape à tabac; XVIIIe siècle.

377. — Plaque de rape à tabac; XVIIIe siècle.

378. — Plaque rectangulaire, Jésus guérit un possédé, h. 0^{m}10, l. 0^{m}07.

379. — Plaque Saint Pierre; h. 0^{m}14, l. 0^{m}07.

380. — Vase sur piédouche ; h. 0^{m}14.

381. — Lunette ; travail italien XVIIe siècle, long. 0^{m}20.

382. — Pilon à tabac ; XVIIe siècle, h. 0^{m}16.

383. — Pot à tabac , h. 0^{m}24, diam. 0^{m}12.

384. — Vase ; travail oriental, h. 0^{m}35.

385. — Manche d'écran ; bas-relief, travail chinois.

386. — Manche d'écran ; bas-relief, travail chinois.

387. — Peigne ; travail indien, h. 0^{m}11, l. 0^{m}085.

388. — Diptyque ; travail allemand, h. 0^{m}40, l. 0^{m}28, ouvert.

289. — Triptyque en os; travail allemand, bas-relief, h. 0^{m}20, l. 0^{m}17 ouvert.

390. — Bas-relief; travail allemand. h. 0^{m}14, l. 0^{m}065.

391. — Médaillon François Ier, roi de France; cadre cuivre doré, diamèt. 0^{m}058.

392. — Deux fuseaux; travail français, XVIIe siècle.

393. — Cure-oreilles ; travail français, XVe siècle.

394. — Bas-relief ; travail indien (tronçon de dent d'éléphant), h. 0m14, diamèt. 0m05.

395. — Manche de poignard indien ; h. 0m09.

396. — Sous ce n° seront vendus les objets d'ivoire omis au catalogue.

EMAUX CHAMPLEVÉS ET OBJETS RELIGIEUX

397. — Plaque cuivre champlevé et émaillé, travail de Limoges XIIIe siècle, diamèt. 0m08.

398. — Plaque de même travail et dimension, faisant partie du même objet.

399. — Plaque de même travail et dimension, faisant partie du même objet.

400. — Plaque de même travail et dimension, faisant partie du même objet.

401. — Plaque du même travail et dimension, faisant partie du même objet.

402. — Plaque entourée d'ornements ajourés ; Limoges, XIIIe siècle.

403. Plaque entourée d'ornements ajourés ; pendant de la précédente, diamèt. 0m11.

404. — Plaque de coffret, Saint Jean ; cuivre champlevé, XIIIe siècle, h. 0m14, l. 0m07.

405. — Pyxide ; cuivre champlevé et émaillé, Limoges, XIIIe siècle, h. 0m10, diamèt. 0m06.

406. — Pyxide ; cuivre champlevé et émaillé, Limoges, XIIIe siècle, h. 0m10, diamèt. 0m065.

ÉMAUX CHAMPLEVÉS ET ÉMAILLÉS

407. — Pyxide, cuivre champlevé et émaillé Limoges xiiie siècle; h. $0^{m}10$, diam. $0^{m}065$.

408. — Grand reliquaire, cuivre doré, pied émail champlevé Limoges xiiie siècle, h. $0^{m}46$.

409. — Croix processionnelle cuivre et émail champlevé Limoges xiiie siècle, h. $0^{m}50$.

410. — Christ cuivre champlevé et émaillé Limoges xiiie siècle, h. $0^{m}15$.

411. — Statuette applique de Saint, cuivre champlevé émaillé.

412. — Statuette d'ange, débris de reliquaire cuivre doré xiiie siècle.

413. — Croix pastorale, cuivre champlevé et émaillé, xive siècle, h. $0^{m}29$.

414. — Croix processionnelle, cuivre repoussé doré xive siècle, h. $0^{m}57$.

415. — Reliquaire Saint Sébastien, statuette argent, cuivre et argent repoussé, xve siècle, h. $0^{m}24$.

416. — Croix processionnelle, cuivre repoussé doré, xve siècle, h. $0^{m}63$.

417. — Croix processionnelle, cuivre repoussé et argenté xve siècle, h. $0^{m}57$.

418. — Croix processionnelle, cuivre repoussé doré, xve siècle, h. $0^{m}36$.

419. — Croix bronze, repoussé ciselé, xve siècle incomplète.

420. — Croix en cristal de roche et argent doré, xvie siècle, h. $0^{m}25$.

421. — Triptyque en bois de cèdre monté en argent, travail gréco-russe, xvie siècle, h. $0^{m}09$, l. $0^{m}25$ ouvert.

OBJETS RELIGIEUX, BRONZES

422. — Croix cristal de roche ornée d'émaux sur argent, XVIIe siècle, h. 0m12.
423. — Calice argent et cuivre repoussé, XVIe siècle.
424. — Deux dessus d'encensoir bronze, XVIe siècle.
425. — Reliquaire cuivre repoussé doré, XVIe siècle.
426. — Saint Mathieu, bas-relief cuivre repoussé, XVIIe siècle.
427. — Monstrance, cuivre repoussé doré, XVIe siècle.
428. — Reliquaire médaillon nacre monté cuivre XVIe siècle.
429. — Plaque ajourée et gravée cuivre doré, XVIe siècle.
430. — Très petit reliquaire argent, XVIe siècle.
431. — Reliquaire argent la sainte tunique, XVIIe siècle.
432. — Couronne et nimbe de saint, argent, XVIIe siècle.
433. — Deux couronnes, XVIIe siècle.
434. — Trois plaques bronze argenté, XVIIe siècle.
435. — Baiser de paix, nacre monté étain, XVIe siècle.

ÉMAUX PEINTS DE LIMOGES

436. — L'annonciation, baiser de paix, Nardon Pénicaud; h. 0m07, l. 0m05.
437. — Piéta, atelier de Nardon Pénicaud; h. 0m09, l. 0m08.
438. — Le Christ, Léonard Limosin? XVIe siècle; plaque, h. 0m14, l. 0m11, ébréchée à 2 angles.
439. — Judas Macchabée, de Colin, XVIe siècle; plaque ronde, diamèt. 0m22.

440. — Le roi Artus, de Colin, XVIe siècle ; diamèt. 0m22, pendant du précédent.

441. — Jupiter, Jean de Court, Limoges, XVIe siècle ; h. 0m11, l. 0m09, plaque dans un cadre bois doré.

442. — Médaillon la Sainte Vierge, J. Limosin ? XVIe siècle ; plaque ovale, h. 0m055, l. 0m05.

443. — Loth et ses filles, J. Pénicaud (attribué à); plaque de coffret revers icolore, h. 0m045, l. 0m11.

444. — Loth et ses filles ; plaque pendant du précédent.

445. — Assiette, l'empereur Claude, P. Courteys ; diamèt. 0m27.

446. — Coupe de mariage, J. Laudin, XVIIe siècle, à six lobes, diam. 0m16, signé I.L.

447. — Coupe de mariage, atelier des Laudin, à 2 anses et à six lobes; diam. 0m15.

448. — Les douze Césars, atelier des Laudin; plaques ovales, h. 0m17, l. 0m055.

449. — La Sainte Vierge et l'enfant Jésus N. Laudin ; plaque signée N.L., h. 0m16, l. 0m13, contre émail bleu.

450. — Saint Joseph, N. Laudin, XVIIe siècle ; pendant du précédent.

451. — Sainte Thérèse, de P. Nouailher, XVIIe siècle ; plaque h. 0m09, l. 0m075.

452. — Saint Joseph, de Nouailher, XVIIe siècle ; plaque, h. 0m11, l. 0m09.

453. — Portrait de Sainte Jeanne de Chantal, XVIIe siècle ; plaque ovale, h. 0m085, l. 0m068.

454. — Saint François de Paule, P. Nouailher, XVIIe siècle ; plaque, h. 0m125, l. 0m10.

455. — La Speranza nutrisce, émail italien ? plaque ovale, h. 011, 0m17, revers incolore.

456. — Fortuna l'accieca, pendant du précédent; plaque ovale, h. 0m11, l. 0m17.

PEINTURES SUR ÉMAIL ET OBJETS EN ÉMAIL

457. — Médaillon émail de Genève petite fille; diam. 0m045.

458. — Portrait de femme, école française, XVIIe siècle, petit médaillon peint en émaux de couleurs.

459. — Autre médaillon, vase de fleurs grisaille sur fond rose, XVIIIe siècle.

460. — Bacchus et Ariane, émail français, XVIIIe siècle, diam. 0m05.

461. — Portrait de Schiller, école de Genève, XVIIIe siècle, miniature sur émail; ovale, h. 0m048, l. 0m04.

462. — Portrait d'homme, école française, XVIIIe siècle, ovale, miniature sur émail; h. 0m04, l. 0m03.

463. — Étui à deux flacons, émail allemand, XVIIIe siècle.

464. — Flacon, émail chinois, fleurs sur fond jaune.

465. — Pot au lait, émail allemand, XVIIIe siècle, décor fleurs, h. 0m07.

466. — Deux salières, émail allemand, XVIIIe siècle.

467. — Deux autres salières, émail allemand, XVIIIe siècle.

468. — Paire de flambeaux, émail allemand, XVIIIe siècle.

469. — Cinq étiquettes, émail français, XVIIIe siècle.

470. — Étui cuivre ciselé, doré et émaillé, XVIIIe siècle.

VERRES PEINTS

471. — Saint Christophe et un saint évêque dans un même cadre. Deux plaques verres églomisés du XVe siècle; h. de chaque peinture, 0m20, l. 0m14.

472. — Saint François d'Assisse, XVIe siècle, vitrail rond, peint en grisaille.

473. — Saint Jean l'Évangéliste, XVIe siècle, vitrail rond, peint en grisaille.

474. — Descente de croix, XVe siècle, vitrail rond, peint en grisaille.

475. — Comptoir de marchand d'étoffes, vitrail de corporation, peint en grisaille.

476. — Saint Jérôme, vitrail en couleur, ovale, h. 0m28.

477. — Armoirie, verre peint, XVIIe siècle.

478. — Armoirie, vitrail en grisaille, XVIe siècle.

479. — Débris de vitraux de diverses époques.

BRONZES ANTIQUES

480. — Bacchus, statuette gallo-romaine pièce importante, h. 0m36, socle 0m07, haut. totale, 0m43.

481. — Bras, fragment de statue antique bronze, l. 0m30.

482. — Statuette, Lutteur ; bronze antique trouvé à Mirebeau ; les yeux sont en argent, h. 0m18.

483. — Statuette bronze gallo-romain (les pieds manquent), h. 0m155.

484. — Statuette d'enfant ; bronze antique, h. 0m06.

485. — Mercure ; bronze antique trouvé à Nuits (Côte-d'Or).

486. — Vestale ; bronze antique, h. 0m08.

487. — Statuette ; bronze antique et six autres petites statuettes trouvées dans la Côte-d'Or.

488. — Statuette bronze gallo-romain (les bras sont mutilés).

489. — Minerve ; statuette bronze gallo-romain.

90. — Bœuf ; bronze antique patine verte.

491. — Aigle ? couvert de gravures indiquant les plumes et les écailles des jambes, sur le devant un plastron.

492. — Bélier bronze antique orné de gravures, travail barbare.

493. — Neuf petits animaux ; divers bronzes gallo-romains, bœuf, dauphin, lapin, souris, mouton, etc.

494. — Tête du dieu Mars et le remouleur grec.

BRONZES

495. — Petit chandelier ; bronze XIVe siècle.

496. — Chandelier pied animal fantastique XIVe siècle.

497. — Fou, statuette, XIVe siècle, trouvée à Dijon en 1828.

498. — Statuette, Empereur romain, XVIe siècle, h. 0m32, socle attenant.

499. — Statuette, Empereur romain, XVIe siècle, h. 0m32, socle attenant.

500. — L'empereur Adrien? Statuette XVIe siècle, h. 0m26, socle attenant 0m07.

501. — Fusius Géminus, statuette XVIe siècle, h. 0m27.

502. — Vénus, statuette XVIe siècle, h. 0m28, socle marbre.

503. — Groupe de deux lutteurs, XVIe siècle ; ces deux statuettes ont été fondues isolément et se détachent et s'agrafent facilement, hauteur du groupe 0m26.

504. — Une pince, travail français du XIVe siècle.

505. — Petite statuette argent, travail français du XVIe siècle.

506. — Décoration de la confrérie de la mère-folle de Dijon.

507. — Plaque de fer à gaufres des de Massol.

508. — Pommeau de canne de la mère-folle de Dijon.

509. — Diane, Apollon et deux divinités, bas-reliefs bronze appliques de pendule.

510. — Deux cariatides de faunes, appliques de pendule.
511. — Vase bronze en forme de cygne.
512. — Jupiter, statuette mutilée, XVIIe siècle, italien.
513. — Singe, statuette bronze, XVIIe siècle, italien.
514. — Porte-montre bronze, XVIIIe siècle, français.
515. — Statuette amour bronze, XVIIIe siècle français.
516. — Henri IV et Sully, bas-reliefs bronze, XVIIIe siècle.
517. — Statuette de femme, costume renaissance dans le genre de Pradier.
518. — Démosthènes et Cicéron, deux bustes bronze époque de l'empire, sur socle marbre jaune.
519. — Statuette Napoléon Ier.
520. — Statuette général français Ier empire.
521. — Paire de vases Médicis sur socle marbre.
522. — Petit brasero cuivre, XVe siècle.
523. — Plat rond cuivre repoussé XVe siècle.
524. — Plat rond cuivre repoussé, XVIe siècle.
525. — Plat rond cuivre repoussé, XVIe siècle.
526. — Une paire flambeaux, cassolettes marbre blanc, XVIIIe siècle.
527. — Une paire flambeaux sirène sur marbre turquin, XVIIIe siècle.
528. — Deux glacières, cuivre argenté, XVIIIe siècle.

OBJETS EN ÉTAIN

529. — Petit plat en étain, Ferdinand III.
530. — Petit plat en étain, la résurrection.
531. — Petit plat en étain, XVIe siècle.
532. — Aiguière forme casque, gravée, travail français, XVIIIe siècle.

OBJETS EN ARGENT

533. — La cathédrale de Strasbourg, filigrane d'argent.
534. — Bas-relief argent, travail oriental.
535. — Paire de beaux flambeaux, style rocaille argent.

OBJETS VARIÉS, AGATE SPATH FLUOR ET CRISTAL DE ROCHE

536. — Un vase spath-fluor monté en bronze forme aiguière.
537. — Vase en spath-fluor, monté bronze doré, XVIIIe siècle.
538. — Petite coupe spath-fluor, montée bronze doré, XVIIIe siecle.
539. — Petit seau spath-fluor, monté argent, XVIIIe siècle.
540. — Deux vases spath-fluor sans monture, XVIIIe siècle.
541. — Salière agate, montée argent, XVIIIe siècle.
542. — Presse-papier, agate rouge, XVIIIe siècle.
543. — Chandelier agate, monté en argent, XVIIIe siècle.
544. — Petite coupe, agate rubanée creusée, sans monture.
545. — Boule à rafraîchir les mains, cristal de roche.
546. — Petite main sculptée en cristal de roche.
547. — Boule de verre montée sur pied bronze doré.
548. — Deux plaques de cristal de roche.

MEUBLES ET BOIS SCULPTÉS

549. — Armoire à deux corps, noyer sculpté à 4 portes et 4 tiroirs, travail français xvie siècle ; h. 1^{m}80, l. 1^{m}37.

550. — Table à éventail, noyer sculpté, travail français xvie siècle ; h. 0^{m}80, long. 1^{m}60, l. 0^{m}75.

551. — Bahut à 3 portes, noyer sculpté, fin du xvie siècle.

552. — Grand cabinet ébène, à deux vantaux, intérieur à huit tiroirs et une porte peintures, sujets de la vie de l'enfant prodigue.

553. — Bureau marqueterie étain sur palissandre, xviie siècle.

554. — Bibliothèque bois noir, filets cuivre ornée de bronze ; h. 2^{m}60, l. 1^{m}50, travail français, xviie siècle.

555. — Petit cabinet ébène, inscrusté ivoire ; travail italien, xvie siècle.

556. — Petit cabinet écaille, intérieur à neuf tiroirs, boutons en argent ; h. 0^{m}35, l. 0^{m}40, travail italien, xviie siècle.

557. — Socle chêne sculpté, formé de 5 petits panneaux du xve siècle, h. 0^{m}27.

558. — Table à 5 colonnes torses, xviie siècle ; h. 0^{m}80, l. 1^{m}03.

559. — Table à 4 colonnes torses, xviie siècle ; h. 0^{m}76, l. 1^m.

560. — Table carrée, coins arrondis, ceinture et pieds sculptés ; h. 0^{m}75, l. 0^{m}70.

561. — Glace, bois sculpté doré, xviiie siècle.

562. — Console bois doré, époque Louis XVI ; h. 0^{m}85, l. 0^{m}60.

563. — Porte-montre, bois sculpté doré, xviiie siècle ; h. 0^{m}40.

564. — Une paire consoles d'appliques, XVIIIe siècle; h. 0m20.

565. — Petit dévidoir, marqueterie bois de rose, XVIIIe siècle.

566. — Petit rouet à filer, sur trois pieds tournés, XVIIIe siècle.

567. — Deux fûts de colonnes, piédestaux bois sculpté peint et doré, XVIIIe siècle.

BOIS SCULPTÉS

568. — Bas-relief, bois sculpté, sainte Vierge, XVe siècle.

569. — La présentation au temple, groupe bois sculpté peint et doré, XVIe siècle, h. 0m55, l. 0m29.

570 — Bénitier, bois de poirier sculpté rocaille XVIIIe siècle.

571. — Niche, bois sculpté doré et statuette de sainte Vierge, XVIIe siècle; h. 0m43, l. 0m28.

572. — Fronton chêne sculpté, gerbe de blé, XVIIIe siècle.

573. — Fronton bois sculpté, à mascaron, XVIIe siècle.

574. — Fronton de porte, médaillon buste de femme, XVIIIe siècle.

575. — Petit fronton de cadre à cartouche avec emblèmes, XVIIIe siècle.

576. — Couronne de fleurs et d'épis de Bonnet, sculpteur beaunois.

577. — Deux têtes, bois de chêne sculpté, attribuées à Sambin ? XVIe siècle; h. 0m45.

578. — Un prophète, haut relief, chêne sculpté, XVIe siècle.

579. — Un saint Évêque, chêne sculpté, fragment de bas-relief, XVIIe siècle; h. 0m55.

580. — Deux anges adorateurs attribués à Dubois; h. 0m55.

581. — La sainte Vierge et l'enfant Jésus, sculpture polychrome, XVIIe siècle ; h. 0^m30.

582. — Deux panneaux, pastorales, bas-relief noyer sculpté, XVIIIe siècle ; h. 0^m32, l. 0^m24.

583. — Suzanne et les vieillards, bas-relief, XVIIe siècle.

584. — Grand sarcophage égyptien couvert de peintures.

585. — Etui de scribe chinois, enveloppé d'une inscription.

586. — Panneau chêne sculpté, chevalier dans un motif d'architecture.

587. — Panneau fauconniers dans un motif d'architecture.

588. — Deux moules à pâtisseries, l'un en bois, l'autre en fer.

589. — Chapelet en bois, chef-d'œuvre de tour, chaque grain s'ouvre à vis et renferme un petit chapelet, XVIIe siècle.

590. — Jésus enfant vainqueur de la mort, statuette, XVIIe siècle.

591. — Peigne en buis, ornements ajourés, XVe siècle.

592. — Peigne en buis, ornements piqués en étain.

593. — Peigne en buis, ornements ajourés.

594. — Peigne en buis, présente, dans le sens de la hauteur, une croix sur gradins.

595. — Tabouret à pieds torses, XVIIe siècle.

596. — Sous ce numéro seront vendus les objets de ce genre omis au catalogue.

COFFRETS

597. — Grand coffret en fer à lames ajourées, serrure et contreforts XVe siècle, long. 0^m43, larg. 0^m33, h. 0^m17.

598. — Coffret bronze rectangulaire, xve siècle.

599. — Coffret bois de chêne sculpté, xve siècle.

600. — Coffret bois de noyer sculpté, xvie siècle.

601. — Petit coffret bois de chêne sculpté, xvie siècle.

602. — Petit coffret en fer dessus arrondi, xvie siècle.

603. — Coffret à bijoux, orné de pierres dures italien ; fin xvie siècle.

604. — Coffret à bijoux, formé de plaques d'ivoire ; fin xvie siècle.

605. — Tric-trac ; bois plaqué, ivoire, ébène, etc., fin xvie siècle.

606. — Coffret fer avec peintures ; flamand, xvie siècle.

607. — Coffret plaqué en écaille et argent ; italien, xviie siècle.

608. — Coffret recouvert en cuir et lames de fer, xviie siècle.

609. — Étui forme circulaire cuir gravé, français, xviie siècle.

610. — Étui bois recouvert cuir noir gravé, français, xviie siècle.

611. — Coffret palissandre, nécessaire à thé, xviiie siècle.

612. — Coffret à ouvrage, bois peint pastorale grisaille, xviiie siècle.

613. — Boîte à mouchoirs, laque chinois.

ARMES

614. — Collection bronze repoussé ciselé et doré, fin du xvie, ou commencement du xviie siècle, une des pièces les plus importantes.

615. — Dossière d'une cuirasse fer gravé en bandes, xvie siècle.

616. — Brassard d'une armure avec gantelet attenant, xvie siècle.

617. — Manche de cottes de mailles xve siècle.

618. — Porte-pierres à fusils à rouet; travail italien xvie siècle.

619. — Une paire éperons; travail français, fin du xvie siècle.

620. — Trois éperons, deux terminés en pointe, un à molette.

621. — Éperon à tête carrée, longue pointe.

622. — Éperon à tête carrée, tige courte.

623. — Éperon à branches très recourbées, petite molette.

624. — Éperon à branches très recourbées, petite molette.

625. — Éperon molette à étoile de 12 pointes.

626. — Éperon molette à étoile de 5 pointes.

627. — Hausse-col, choc de cavalerie.

628. — Masque de casque, fin du xve siècle.

629. — Batterie de mousquet à rouet.

630. — Batterie de fusil espagnol, xviie siècle.

631. — Batterie de fusil à pierre, xviiie siècle.

632. — Batterie de fusil à rouet, xviie siècle.

633. — Poire à poudre; corne gravée, xviie siècle.

634. — Poire à poudre, corne de cerf sculptée, sujet de chasse; xviiie siècle.

635. — Poire à poudre, corne gravée, xviie siècle.

636. — Poire à poudre de forme triangulaire, légèrement concave sur les deux côtés, plaque cuivre ciselé, travail français; xviie siècle.

637. — Poire à poudre cuivre estampé (allemande, xviiie siècle).

638. — Poire à poudre, corne de cerf, sculptée bas-relief, xvie siècle.

639. — Poire à poudre, corne garnie argent, xviiie siècle.

640. — Poire à poudre corne de cerf sculptée ; XVIe siècle.
641. — Poire à poudre corne de cerf sculptée, XVIe siècle.
642. — Poire à poudre, corne de cerf sculptée sans monture, XVIe siècle.
643. — Amorçoir, ivoire gravé armorié, monté argent, XVIIe siècle.
644. — Une poire à poudre et deux gourdes cuir uni ; XVIIIe siècle.
645. — Un carquois, cuir du Sénégal.
646. — Un pagne et un collier en verroterie de la Cafrerie.
647. — Un arc bois de fer et des flèches.
648. — Un poignard de la Polynésie.
649. — Un casse-tête ; bois de fer de la Polynésie.
650. — Deux mors de dressage, fer, XVIIe siècle.
651. — Un mors de dressage, fer, XVIe siècle.
652. — Une paire étriers, fer, travail oriental.
653. — Un étrier en cuivre ajouré, XVIIe siècle.
654. — Poignard oriental, poignée fer argenté.
655. — Poignard arabe, manche et fourreau bas argent.

OBJETS EN FER

656. — Serrure de bahut, fer, plaques ajourées, XVe siècle.
657. — Serrure de maîtrise, travail français, XVIIe siècle.
658. — Serrure de maîtrise, plaque découpée ajourée, XVIIe siècle.
659. — Deux cadenas, de forte dimension.
660. — Loquet et sa clé, XVe siècle.
661. — Verrou, fer repoussé et gravé, XVIe siècle.
662. — Clés renaissance, l'une avec anneau ajouré.

663. — Plaque de serrure à moraillon, XVIe siècle.

664. — Rape à tabac, fer damasquiné, XVIIIe siècle.

665. — Coupe en fer laqué, XVIIIe siècle.

COUTELLERIE

666. — Couteau très recourbé, lame gravée à tous accords, Tabourot, manche contourné, et gaine cuivre, estampé et gravé de l'époque, pièce intéressante, XVIe siècle.

667. — Couteau à lame très recourbée, talon gravé d'une arabesque, XVIe siècle.

668. — Couteau et fourchette, manches en ivoire, sur la lame une armoirie, Bouton en Bourgogne, seigneur de Chamily, XVIe siècle.

669. — Petite serpette, lame gravée de rinceaux, inscription : verse du vin car il est bon, XVIe siècle.

670. — Couteau à défaire, lame droite gravée, au dos on lit : Maison de Tiar benis ez le Seigneur, manche ivoire uni orné de deux viroles gravées, XVIe siècle.

671. — Trousse, gaine ivoire sculpté, contient un couteau et une fourchette à manche d'ivoire formé l'une d'une statuette en costume Louis XIII et l'autre femme nue, travail français, XVIIe siècle.

672. — Petit couteau et sa gaine cuir estampé, lame gravée, XVIe siècle.

673. — Couteau et fourchette, travail français, XVIe siècle.

674. — Fourchette à deux dents, travail français, XVIe siècle.

675. — Couteau pliant lame droite pointue, manche argent faisant étui, XVIe siècle.

676. — Fourchette à quatre dents, se replie sur le manche, XVIe siècle.

677. — Couteau pliant, manche os, XVIe siècle.

678. — Présentoir lame large et mince, ruinée par la rouille, XVIe siècle.

679. — Couteau de cuisine, travail allemand, XVIe siècle.

680. — Couteau, cuiller et fourchette dans un étui, travail italien, XVIe siècle.

681. — Couteau, lame droite, manche formé de nombreux anneaux en os, XVIe siècle.

682. — Couteau et fourchette, manches écaille monté argent, italien, XVIIe siècle.

683. — Couteau et fourchette, manches d'ivoire pointillés de cuivre, XVIIe siècle.

684. — Grattoir, lame dorée et gravée à sa base, extrémité carrée et aiguisée, manche ivoire sculpté, travail hollandais, XVIIe siècle.

685. — Petite cuiller d'argent, trouvée à Dijon, XVIe siècle.

686. — Cuiller d'argent manche terminé par un bouton, XIVe siècle.

687. — Cuiller argent manche terminé par un bouton, XVe siècle.

688. — Cuiller argent manche terminé par une cariatide de femme.

689. — Cuiller argent manche terminé par une armoirie.

690. — Cuiller argent manche terminé par une statuette de saint.

691. — Cuiller bronze manche recourbé.

692. — Cuiller et fourchette, manche filigrane argent, XVIIIe siècle.

693. — Canif et poinçon, manche filigrane argent, XVIIIe siècle.

694. — Deux couteaux de table, manches faïence de Moustiers.

695. — Quatre couteaux de table, manches porcelaine Chantilly.

696. — Etui plat en écaille, muni de divers objets, XVIIIe siècle.

697. — Cuiller, fourchette et couteau, manche argent en torsade et émaillés.

TABATIÈRES, BOITES ET BONBONNIÈRES

698. — Trois petites boîtes cassolettes argent gravé et émaillé, XVIIIe siècle.

699. — Petit coffret cuivre doré flamand, XVIIe siècle.

700. — Petit coffret bois recouvert d'argent estampé, XVIIe siècle.

701. — Boîte à jetons, laque brune, dessus nacre, XVIIe siècle.

702. — Boîte à jetons, nacre et cuivre ciselé ajouré, XVIIIe siècle.

703. — Boîte à jetons, bois laqué incrusté de nacre, XVIIIe siècle.

704. — Boîte à jeux ivoire, le jeu des neufs, XVIIIe siècle.

705. — Boîte octogonale, bois et ivoire sculpté, XVIIIe s.

706. — Boîte ronde, bois sculpté, XVIIIe siècle.

707. — Bonbonnière en ivoire sculpté, XVIIIe siècle.

708. — Boîte à mouches ivoire piqué argent, XVIIe siècle.

709. — Bonbonnière cuivre ciselé gravé, dessus camée coquille.

710. — Boîte à mouches ivoire creusée à pans coupés.

711. — Boîte ivoire montée en argent, XVIIe siècle.

712. — Boîte ivoire rectangulaire chinoise (paysage sur fond ébène).
713. — Tabatière cuivre doré, travail français, XVIIIe siècle.
714. — Boîte cuir estampé, dessins dorés, XVIIIe siècle.
715. — Étui cuir rouge gravé et estampé, XVIIIe siècle.
716. — Étui cuir noir gravé et estampé, XVIe siècle.
717. — Boîte écritoire en forme de malle, XVIIe siècle.
718. — Boîte en agate poudingue, ovale, XVIIIe siècle.
719. — Boîte en agate cuvette creuse, XVIIe siècle.
720. — Boîte en agate à deux compartiments, XVIIIe siècle.
721. — Boîte en agate formée de 6 plaques, XVIIIe siècle.
722. — Boîte en agate blanche de 6 plaques, XVIIIe siècle.
723. — Tabatière agate brune montée argent, XVIIIe siècle.
724. — Tabatière verre opalin décor fleurs émaillé, XVIIIe s.
725. — Tabatière à pans coupés marbre brèche, XVIIIe s.
726. — Tabatière à pans coupés marbre de couleur, XVIIIe s.
727. — Tabatière ivoire ornée de médaillons, XVIIIe siècle.
728. — Tabatière bois de palissandre recouvert de cuivres ciselés, XVIIIe siècle.
729. — Boîte ovale laque de Chine.
730. — Tabatière en ambre sculpté forme coquille, XVIIIe siècle.
731. — Tabatière émail forme de malle, XVIIIe siècle.
732. — Boîte à mouches écaille piquée or, XVIIIe siècle.
733. — Boîte à mouches agate montée cuivre doré XVIIIe siècle.
734. — Boîte à mouches écaille, ornements piqués argent, XVIIIe siècle.
735. — Boîte à mouches, nacre gravée, Geneviève de Brabant, XVIIIe siècle.
736. — Boîte porcelaine, décor mandarins, chinoise.

737. — Boîte porcelaine décor camaïeu rose sur fond bleu.

738. — Boîte émail bleu décor quadrillé or.

739. — Bonbonnière émail bleu turquoise, décor fleurs et amours.

740. — Bonbonnière émail fond rose, médaillons grisailles.

741. — Bonbonnière agate rouge montée cuivre doré.

742. — Bonbonnière bois de cerisier sculpté dans le goût de Bagard.

743. — Bonbonnière en jade sculpté, travail chinois.

744. — Boîte émail décor bouquets de fleurs.

745. — Boîte émail décor fleurs sur fond bleu.

746. — Un pilon à tabac buis sculpté.

747. — Rape à tabac, buis sculpté.

748. — Casse-noisettes, buis sculpté.

749. — Boîte, tête de mort, buis sculpté.

750. — Deux boussoles, l'une montée ivoire, l'autre chagrin noir.

751. — Petit flacon verre monté argent.

752. — Flacon noix de coco sculpté tête de dauphin.

753. — Poivrière ivoire montée argent.

754. — Poivrière en coco garnie argent, la panse ornée d'une ronde d'enfants et de faunes argent ciselé, XVIIIe siècle.

BIJOUX

755. — Ceinture en argent des sires de Joinville ; XVIe siècle.

756. — Agrafe de ceinture nacre, monté argent ; XVIIe siècle.

757. — Moitié d'une agrafe de ceinture ; montée argent, XVIIe siècle.

758. — Deux plaques nacre sculptée pour agrafes ; XVIIe siècle.

759. — Epingle et deux médaillons miniatures sur ivoire montés en or, XVIIIe siècle.

760. — Collier et plaque de ceinture camées laves ; montés similor.

761. — Pendant de cou filigrane d'argent à médaillon Saint Georges, et la Sainte Vierge.

762. — Breloque à surprise, cassolette en or.

763. — Epingle en or ; camée à trois couches tête de jeune homme.

764. — Epingle en or, camée cornaline antique?

765. — Trois croix argent ornées de grenats, cristal de roche, marcassite.

766. — Croix d'or émaillée noir et blanc ; XVIe siècle.

767. — Petite croix avec le Christ, XVIe siècle.

768. — Croix et Christ en or (9 grammes), XVIIe siècle.

769. — Croix en or et Saint-Esprit, XVIIe siècle.

770. — Croix d'or estampé à facettes (Auvergne XVIIe siècle).

771. — Croix filigrane d'argent doré.

772. — Croix en cuivre, cabochons verres bleus : trouvées à Charnay.

773. — Croix cuivre émaillé ordre des hospitaliers du Saint-Esprit, à Dijon.

774. — Décorations autrichiennes.

775. — Deux décorations du tir du clos Chaussenot, 1807-1809.

776. — Décorations des chevaliers de l'arc, Saint Sébastien, R arc et flèche.

777. — Décoration des cent jours.

778. — Petit médaillon, Diane chasseresse, XVIe siècle.

779. — Broche camée, tête de femme ; montée or.

780. — Pomme de canne argent émaillé et pierres fines.

781. — Cachet cornaline antique, scarabée monté or.

782. — Cachet à trois faces, pierres gravées montées or.

783. — Cachet argent armorié, XVIIIe siècle.

784. — Boucle d'oreille en or (travail de l'Inde, 13 gram.).

785. — Boucle d'oreille, rubis et six perles fines montés or.

786. — Epingle en or, camée tête de nègre.

787. — Boîtier de montre cuivre doré, XVIe siècle.

788. — Montre en or à double boîtier, XVIIe siècle.

789. — Montre en or, médaillon et ornements rocailles, XVIIIe siècle.

790. — Montre en argent, à double boîtier écaille pointillée d'argent.

791. — Montre d'argent à double boîtier, XVIIe siècle.

792. — Montre cuivre doré en forme de croix, XVIe siècle.

793. — Un taille-plume, cuivre doré signé Jo. Anton. Schega fecit, XVIe siècle.

794. — Pendulette bijou ornée de cariatides et têtes d'anges; bronze ciselé doré.

795. — Fond de boîte or repoussé ciselé, signé D. Cochin f.

BAGUES EN OR ET ORNÉES DE PIERRES GRAVÉES

796. — Bague en or jaspe antique gravé.

797. — Bague jaspe antique gravé, monté or, caractères hébraïques.

798. — Bague jaspe antique gravé, captif à genoux.

799. — Bague jaspe antique gravé, amour conduisant un char.

800. — Bague jaspe gravé anneau en chaînettes.

801. — Bague jaspe antique. Apollon.

802. — Bague jaspe antique gravé.

803. — Bague jaspe antique gravé, guerrier.

804. — Bague or cornaline antique gravée.

805. — Bague or cornaline antique gravée.

806. — Bagne or cornaline antique gravée, fête à Bacchus.

807. — Bague or cornaline antique gravée, tête de guerrier.

808. — Bague or cornaline antique gravée, scarabée.

809. — Bague or cornaline blanche Cérès ?

810. — Bague or cornaline antique gravée. Scorpion.

811. — Bague or cornaline blanche gravée. Mercure, monture, XVIIIe siècle.

812. — Bague or cornaline antique gravée, tête d'homme.

813. — Bague or cornaline gravée, tête de femme.

814. — Bague or cornaline blanche, gravée, baigneuse.

815. — Deux bagues anneaux à chaînettes cornalines gravées.

816. — Bague or cornaline gravée, jeune femme.

817. — Bague or cornaline gravée, tête de jeune homme.

818. — Bague or cornaline à deux couches.

819. — Bague or rouge antique, guerrier agenouillé.

820. — Bague or rouge antique, amour.

821. — Bague cuivre doré cornaline gravée une colombe.

822. — Bague or camée cornaline, tête de la Sainte Vierge.

823. — Bague or camée tête de femme.

824. — Bague or camée onix à 3 couches.

825. — Bague or camée à 2 couches.

826. — Bague or camée à 2 couches, buste de guerrier.

827. — Bague or camée onix à 2 couches tête de Gorgone.

828. — Bague or camée à 3 couches.

829. — Bague or camée onix à 2 couches.

830. — Bague or camée à 2 couches.

831. — Bague or camée à 2 couches, tête de Cicéron.

832. — Bague or camée à 2 couches, masque tragique.
833. — Bague or camée à 2 couches, tête de femme.
834. — Bague or camée à 3 couches, Jupiter Ammon.
835. — Bague or camée à 3 couches, Socrate.
836. — Bague or camée agate à 2 couches, jeune femme.
837. — Bague or camée encadrée de rubis, jeune fille.
838. — Bague or camée onix moine tête d'or ciselée, XVIe siècle.
839. — Bague or sardonix gravée. Brutus.
840. — Bague or sardoine camée. Indienne en adoration.
841. — Bague or camée à 3 couches, antique, monture XVIIIe siècle.
842. — Bague or camée agate à 3 couches, Hercule.
843. — Bague or camée à 2 couches, Cupidon.
844. — Bague or camée à 2 couches, tête de nègre.
845. — Bague or camée à 3 couches, tête de nègre.
846. — Bague or camée à 3 couches, tête de nègre.
847. — Bague or camée à 3 couches, tête de vieillard.
848. — Bague or camée onix à 3 couches, tête de femme.
849. — Bague or camée onix à 2 couches, Pégase.
850. — Bague or camée onix à 2 couches, oiseau.
851. — Bague or camée onix à 2 couches, croissant.
852. — Bague or camée onix à 2 couches, Enfant tenant un raisin.
853. — Bague or camée onix à 2 couches, abeille.
854. — Bague or camée onix à 2 couches, abeille.
855. — Bague or Lapis-Lazuli, Mars antique.
856. — Bague or Lapis-Lazuli, tête d'homme.
857. — Bague or camée opale, tête de singe.
858. — Bague or améthiste gravée antique.

859. — Épingle or camée améthiste, buste jeune homme.

860. — Bague or améthiste gravée, cavalier.

861. — Bague or camée améthiste, buste de vieillard.

862. — Bague or émaillé Nicolo gravée, Mercure.

863. — Bague or pierre gravée, Minerve.

864. — Bague or antique, agate blanche gravée.

865. — Bague or agate opaque grise gravée.

866. — Bague or malachite tête d'homme.

867. — Bague or Vénus buis sculpté sous verre, XVIIIe s.

868. — Bague or cabochon cristal de roche ovale.

869. — Bague or forme duchesse ornée de cabochons.

870. — Bague or forme duchesse ornée d'une topaze blanche.

871. — Bague or émaillée noir, enchâssant sept tables de diamant.

872. — Bague or émaillé noir enchâssant une rose.

873. — Bague or enchâssant turquoise et tables diamant.

874. — Bague or anneau chaînette.

875. — Petit anneau d'or, inscription intérieure *Non sans cause*.

876. — Bague or antique, deux couleuvres enroulées.

877. — Bague or antique, chaton gravé.

878. — Bague or antique, chaton turquoise.

879. — Bague or antique, chaton l'amour tenant les foudres.

880. — Bague or, agate jaspée.

881. — Bague or, camée corail rouge.

882. — Bague or, camée coquille.

883. — Bague or, ornée de perles, divinités indiennes.

884. — Bague or, agate herborisée ovale.

BAGUES ARGENT ET PIERRES GRAVÉES

885. — Bague argent antique, nicolo gravé.
886. — Bague argent antique, camée, éléphant.
887. — Bague argent antique, nicolo gravé, trouvée à Vienne, Dauphiné, en 1826.
888. — Bague argent antique, nicolo gravé, un cheval.
889. — Bague argent antique, nicolo gravé, un coq.
890. — Bague argent cornaline gravée (forme poisson).
891. — Bague argent à 3 cornalines gravées.
892. — Bague argent cornaline gravée, enlèvement d'Europe.
893. — Bague cuivre doré, cornaline XVIIe siècle (brisée).
894. — Bague à clé d'argent à 2 cornalines gravées.
895. — Bague à clé d'argent à 2 chatons.
896. — Bague à clé d'argent gallo-romaine.
897. — Bague argent antique, pièce d'argent recoupée.
898. — Bague d'argent, chaton gravé I. H. S., XIIIe siècle.
899. — Bague argent émaillé, chaton agate.

BAGUES DIVERSES ET PIERRES GRAVÉES

900. — Bague cassolette argent XVIe siècle, caractères arabes sur le chaton.
901. — Bague cassolette argent XVIIIe siècle, chaton turquoise.
902. — Bague argent cœur couronné, anneau en torsade.
903. — Bague argent chaton une dent.
904. — Bague argent camée coquille.
905. — Bague argent doré, chaton brisé.
906. — Bague argent jaspe vert.

907. — Bague or agate herborisée ovale.
908. — Bague argent 2 petits sabots.
909. — Bague argent doré verre rouge.
910. — Bague argent forme de semelle, porte écrit Rivn.
911. — Cinq bagues argent, chatons gravés.
912. — Deux bagues bronze.
913. — Sept bagues variées, argent et bronze.
914. — Six bagues bronze à clés gothiques.
915. — Bague bronze antique, camée onix à 2 couches.
916. — Bague bronze antique, phallus.
917. — Bague cuivre cornaline blanche, bords à facettes, écrevisse.
918. — Bague cuivre doré, cornaline ovale.
919. — Dix bagues en bronze à chatons variés.
920. — Bague bronze forme de semelle, colombe et monogramme.
921. — Trois bagues bronze du XIVe siècle.
922. — Bague cuivre gravé I. H. S.
923. — Bague cuivre doré, verre antique gravé.
924. — Bague anneau cuivre doré, inscription hébraïque.
925. — Bague d'abbé de Saint-Etienne, aux armes de la ville de Dijon.
926. — Bague antique en fer enchâssant une tête d'Esculape or ciselé et de chaque côté le bâton enroulé de serpents, argent ciselé.
927. — Bague fer camée or, tête de femme.

BAGUES FER ET AUTRES

928. — Bague de fer damasquiné, armoirie gravée.
929. — Quatre bagues fer gravé et une enchâssant une cornaline.

930. — Vingt bagues bronze de diverses époques.

931. — Sept bagues en fer et quatre en bronze, trouvées dans la Côte-d'Or.

932. — Bague en cornaline gravée.

933. — Bague en ivoire ajouré, un œil ouvert (brisée).

934. — Bague verre égyptien.

935. — Bague de deuil ivoire (œil larmoyant) (brisée).

936. — Bague argent ornée de pierres cabochons.

937. — Bague argent anneau à 4 pierres.

938. — Bague argent cristal de roche et strass.

939. — Bague argent doré à branches de fleurs ciselées.

CAMÉES ET PIERRES GRAVÉES

940. — Camée à trois couches, Mars.

941. — Cornaline à 2 couches, jeune femme.

942. — Camée onix à 2 couches, Minerve.

943. — Camée onix à 2 couches, jeune femme.

944. — Camée onix à 2 couches, jeune femme.

945. — Camée onix à 3 couches, buste d'homme.

946. — Camée à 2 couches, Vénus.

947. — Camée à 2 couches, Vénus et Cupidon.

948. — Camée cornaline à 2 couches, Mars et Vénus.

949. — Camée à 2 couches, tête d'homme.

950. — Camée cornaline à 2 couches, Silène.

951. — Camée cornaline à 2 couches, têtes d'impératrices, XVIIIe siècle.

952. — Camée marbre blanc, tête de vierge.

953. — Camée, marbre onix d'Afrique, tête d'homme.

954. — Camée, pierre dure, Minerve.

955. — Camée, jaspe sanguin, Moine.

956. — Camée, jaspe sanguin, Saint Jean dans un reliquaire cristal de roche.

957. — Camée, noyau de fruit, empereur romain.

958. — Quatre camées, pierres diverses antiques.

959. — Douze camées en laves, têtes de diverses divinités.

960. — Trois camées en verre coulé et gravé, montés en bronze doré et cinq autres sans monture.

961. — Bague à surprise, cuivre argenté.

962. — Sept bagues diverses.

963. — Huit camées en laves, têtes et autres.

964. — Camée malachite, tête de femme.

965. — Deux camées, marbre et lave.

966. — Quinze camées, coquilles de diverses époques et dimensions.

967. — Camée corail rouge, tête de vieillard.

968. — Camée à trois couches, tête de jeune femme et de vieillard (brisé).

969. — Camée coquille antique ? masque tragique.

970. — Cristal de roche gravé, Cérès, XVIe siècle.

971. — Rouge antique gravé, tête d'homme barbu, XVIIe siècle.

972. — Jaspe antique gravé.

973. — Jaspe gravé, Mercure.

974. — Cornaline gravée et jaspe antique gravé (tous deux brisés).

975. — Cornaline gravée, buste de femme.

976. — Cornaline gravée, tête de vieillard.

977. — Deux cornalines gravées, caractères arabes.

978. — Cornaline blanche gravée, Cérès (brisée et recollée sur verre).

979. — Deux cornalines à deux couches gravées, tête de femme.

980. — Cornaline blanche gravée, deux têtes accolées.

981. — Cornaline gravée, tête de soldat romain.

982. — Cornaline blanche gravée, Neptune.

983. — Cornaline gravée, buste d'impératrice.

984. — Cornaline à deux couches, gravée, jeune femme.

985. — Cornaline ovale gravée, les vestales, cadre en or.

986. — Cornaline gravée, l'aurore conduit un bige.

987. — Cornaline gravée, Terpsichore.

988. — Deux cornalines gravées, serties dans un cadre en or.

989. — Cornaline gravée, ovale, sacrifice antique.

990. — Agate ovale, verte, gravée, Vénus.

991. — Ambre gravé, un lion.

992. — Agate rubanée, Vulcain.

993. — Agate gravée, tête de jeune femme.

994. — Agate gravée, une enseigne romaine.

995. — Agate herborisée.

996. — Onix à deux couches gravé, Hercule étouffant un lion.

997. — Agate gravée antique, Louve allaitant Romulus et Rémus.

998. — Collier de sept noyaux sculptés en camée.

999. — Lot de cornalines gravées, têtes et sujets.

1000. — Lot de cornalines et agates, têtes et sujets.

1001. — Lot de jaspes gravés, têtes et sujets.

1002. — Lot d'agates gravées de diverses époques.

1003. — Collection de camées en plâtre, reproduction d'antiques.

MOSAIQUES

1004. — Pie VII, en prière.

1005. — Ruines de temples romains.

1006 { Trois petites mosaïques, ruines romaines.
Trois autres mosaïques, ruines romaines. }

MARBRES, PIERRES ET ALBATRES SCULPTÉS

1007. — Deux bas-reliefs, marbre blanc gallo-romain.

1008. — Un bas-relief, marbre blanc gallo-romain, buste d'homme.

1009. — Tête de femme marbre antique, grandeur nature. h. 0m31.

1010. — Tête de femme, marbre antique, grandeur demi-nature, h. 0m15, posée sur un socle de pierre.

1011. — Bas-relief, médaillon marbre blanc, trouvé dans la démolition de la rotonde de Saint-Bénigne, diam. 0m14.

1012. — Retable d'autel, bas-reliefs albâtre montés sur bois, fin du xive siècle, le centre présente la crucifixion, le côté droit, la mise au tombeau, le côté gauche, la flagellation, le volet à droite présente un saint évêque et la résurrection, le volet à gauche présente un saint évêque et Jésus livré aux soldats, ce beau et curieux retable provient de l'ancienne abbaye de Cluny, h. 0m82, l. ouvert, 2m40.

1013. — Bas-relief, tête de Saint Jean-Baptiste, albâtre fin du xive siècle, h. 0m35, l. 0m15.

1014. — Bas-relief, Christ en croix, de chaque côté la vierge et Saint Jean, h. 0m45, pierre avec peintures, xve siècle.

1015. — Pieta, groupe pierre sculptée, xvie siècle, h. 0m27.

1016. — Groupe marbre, enfants nus assis, h. 0m17.

1017. — Buste de faune, marbre blanc, draperies polychromes, xvie siècle, h. 0m40.

1018. — Trois bas-reliefs albâtre, L'annonciation.
La visitation.
L'échelle de Jacob.

1019. — Groupe Enée confie son fils à Créüse, xvie siècle, h. 0m20 (manquent deux têtes et un bras).

1020. — Hercule, statuette albâtre, xvie siècle, socle bronze doré sur lequel est fixée une miniature sur ivoire, Frédéric de Prusse, dans un cadre orné de petits jargons montés argent.

1021. — Petit buste d'homme en albâtre, xvie siècle, h. 0m10.

1022. — Tête d'homme haut relief, travail français, xvie siècle, albâtre, h. 0m25.

1023. — Buste d'enfant, marbre blanc, travail français, xvie siècle, h. 0m23.

1024. — Deux bustes d'empereurs romains, xvie siècle, albâtre.

1025. — Guerrier antique, serpentine italienne, xviie siècle, h. 0m37.

1026. — Groupe de trois saints, statuettes en jais, xvie siècle, h. 0m24 (socle vieux Boule).

1027. — Saint Jacques de Compostel, travail espagnol, xvie siècle, h. 0m31.

1028. — Bas-relief, L'amour découvrant Vénus, albâtre, h. 0m07, l. 0m17, signé Hœrr de Fribourg, Br.

1029. — Cicéron, tête haut relief d'albâtre, xviiie siècle.

1030. — Suffren, médaillon marbre blanc, cadre marbre turquin ovale signé Staggi, h. 0m48, l. 0m40.

1031. — Deux statuettes, saisons, le printemps et l'automne, albâtre blanc, XVIIIe siècle, h. 0m25.

1032. — Tête de vieillard, bas-relief marbre, XVIIIe siècle.

1033. — Tête d'homme, pendant du précédent, cadres bois doré.

1034. — Le chancelier Duprat, buste marbre, XVIIe siècle, nez et col ébréchés, h. 0m24.

1035. — Six vases serpentine ajustés les uns dans les autres, travail de tour, XVIIIe siècle.

1036. — Deux statuettes pierre stéatites, travail chinois.

1037. — L'amour grec, petit buste d'après l'antique, h. 0m10.

1038. — Tête de femme, bas-relief marbre, XVIIIe siècle, cadre doré.

1039. — Fragment de divinité égyptienne, marbre antique.

TERRES CUITES

1040. — Enfant jouant avec un dauphin, groupe par Bornier, haut. 0m19 ; tête d'enfant recollée.

1041. — Médaillon plâtre, Courtépée, par Breuil, cadre bois sculpté.

1042. — Deux groupes faunes, nymphes et amours de Clodion, h. 0m40, l. 0m21 (quelques mutilations aux bras et aux mains).

1043. — Groupe de deux amours (attribués à Clodion) (le bras droit et les ailes manquent).

1044. — Jeune berger et son chien signé Darbois, h. 0m17.

1045. — Bas-relief cire, échange de serments (attribué à Fragonnard).

1046. — Saint Vincent de Paul, statuette signée Delaville, 1817, h. 0m46.

1047. — La vierge et l'enfant Jésus de Dubois, h. 0m33.

1048. — Saint Bernard prêchant, par Dubois, h. 0m39.

1049. — Médaillon portrait de femme, par Dubois.

1050. — Saint Jean évangéliste, par Dubois.

1051. — Un saint agenouillé, par Dubois, h. 0m27.

1052. — Deux anges adorateurs, par Dubois, mutilations.

1053. — La Sainte Vierge, statuette (attribuée à Dubois).

1054. — Projet de tombeau, par Larmier Philibert, signé.

1055. — Vestale entretenant le feu sacré, Larmier Philibert, h. 0m24.

1056. — Les arts et les sciences, beau bas-relief, par Larue, daté 1789.

1057. — Canova, médaillon signé Lavy, 1806.

1058. — Les petits dénicheurs, signé Lecomte in., et f. 1791, h. 0m44.

1059. — Médaillon la chevalière d'Eon, par Marlet.

1060. — Cinq petits bas-reliefs médaillons, par Moreau père.

1061. — Groupe Antigone et Œdipe, par Moreau père, h. 0m35.

1062. — Allégorie, la vendange, par Moreau père, h. 0m17.

1063. — Pomone présentant des fruits, Moreau père, h. 0m21.

1064. — La charité romaine? groupe, Moreau père, h. 0m22.

1065. — Fronton, l'hymen, par Ramey père, h. 0m15, l. 0m035.

1066. — Le serment des guerriers, bas-relief, par Ramey.

1067. — Médaillon, buste d'homme, signé Troy, 1814.

1068. — Saint Charles Borromée en prédication, XVIIIe siècle.

1069. — La force, ébauche, XVIIIe siècle.

1070. — Groupe Henri IV et Louis XVI, XVIIIe siècle ; h. 0m25.

1071. — Jeune femme, statuette, esquisse, h. 0m23 (manque le bras droit).

1072. — Terme surmonté d'une tête de fauve, h. 0m27.

1073. — Saint François Xavier en prédication, XVIIIe siècle, h. 0m26.

1074. — Bas-relief, ange à demi nu debout, XVIIIe siècle, h. 0m32.

1075. — Fronton semi-circulaire, XVIIIe siècle, h. 0m14, l. 0m30.

1076. — Vénus, statuette debout appuyée contre un tronc d'arbre, h. 0m30 (manque un bras).

1077. — Sujet tiré de l'Iliade, bas-relief, XVIIIe siècle, h. 0m20, l. 0m30.

1078. — Joseph explique les songes, ébauche, XVIIIe siècle.

1079. — Joseph vendu par ses frères, bas-relief, XVIIIe siècle. h. de chaque 0m20, l. 0m30.

1080. — La justice, statuette terre cuite, XVIIIe siècle, h. 0m24.

1081. — La charité, groupe esquisse, XVIIIe siècle (manque une main), h. 0m25.

1082. — L'abondance, statuette ébauche, XVIIIe siècle, h. 0m25.

1083. — Vénus conduisant un char, bas-relief, ovale, XVIIIe siècle.

1084. — Saint Georges, plâtre peint et doré.

1085. — Saint Bénigne, plâtre peint et doré.

1086. — Plaquette cire, Minerve couronnant Vulcain.

1087. — Marie Leczinska, grand médaillon cire.

1088. — Sous ce numéro seront vendus les objets de cette nature qui auraient été omis au catalogue.

CÉRAMIQUE, PORCELAINES ET FAIENCES

1089. — Canette grès blanc, travail allemand, XVIe siècle ; h. 0m25.

1090. — Grande chope, faïence émaillée, travail oriental.

1091. — Cassolette porcelaine chinoise montée bronze doré, travail français, XVIIIe siècle.

1092. — Plaque de poêle, terre cuite, travail allemand, XVIe siècle.

1093. — Plaque de poêle, faïence allemande, datée 1561.

1094. — Aiguière, faïence de Rouen forme casque, XVIIIe s.

1095. — Pot à eau, faïence de Rouen forme casque, XVIIIe s.

1096. — Aiguière, faïence de Marseille, décor polychrome, XVIIIe siècle.

1097. — Pot à eau ou Broc, faïence polychrome anglaise, fin XVIIIe siècle.

1098. — Pot à surprise, faïence italienne, fin XVIIe siècle.

1099. — Grand porte-montre faïence blanche, fin XVIIIe s.

1100. — Plateau faïence de Moustiers, décor dentelle, XVIIIe siècle.

1101. — Deux porte-perruques, faïence de Nevers, XVIIIe s.

1102. — Grand plat, faïence de Nevers, diamètre 0m42, XVIIIe siècle.

1103. — Presse-papier, faïence de Delft, XVIIIe siècle.

1104. — Plaque faïence de Strasbourg, décor paysage, XVIIe siècle.

1105. — Une console d'applique, faïence de Strasbourg, xviiie siècle.

1106. — Coupe à bords dentelés, faïence genre Palissy de Pull.

1107. — Plat long, faïence de Strasbourg, décor en relief polychrome.

1108. — Plat à poisson, faïence d'Avignon, en forme de poisson, xviie siècle.

1109. — Plat oblong, faïence de Nevers, decor bleu, xviie s.

1110. — Plat ovale, faïence de Strasbourg, décor polychrome.

1111. — Plaque, faïence de Delft, décor paysage en bleu, xviiie siècle.

1112. — Plaque faïence de Delft, décor feuilles et oiseaux, xviiie siècle.

1113. — Plaque, faïence de Delft, oblongue décor fleurs, xviiie siècle.

1114. — Deux assiettes, faïence de Delft, décor genre japonais, xviiie siècle.

1115. — Deux beuriers, faïence de Delft, formés chacun d'un bœuf.

1116. — Porte-montre, faïence de Delft, forme contournée, xviiie siècle.

CÉRAMIQUE

1117. — Deux assiettes plates, faïence blanche, décor en reliefs, xviiie siècle.

1118. — Une saucière à deux anses, décor polychrome, xviiie siècle.

1119. — Deux salières, faïence de Dijon, décor polychrome, xviiie siècle.

1120. — Médaillon rond, faïence italienne, buste en relief, XVIIe siècle, diamèt. 0m29.

1121. — Vase, faïence blanche, orné de têtes de béliers, XVIIIe siècle.

1122. — Soupière, faïence de Saint-Clément, décor camaïeu vert, XVIIIe siècle.

1123. — Aiguière faïence de Westphalie, décor guirlandes en bleu, XVIIIe siècle.

1124. Chien assis, porcelaine blanche de Chine, XVIe siècle, h. 0m32.

1125. — Deux plats à barbe ancienne porcelaine Japon.

1126. — Un plat à barbe ancienne porcelaine Japon.

1127. — La Charité, groupe faïence anglaise polychrome, XVIIIe siècle.

1128. — Statuette faïence anglaise de Turner ? XVIIIe siècle.

1129. — La danse, groupe porcelaine de Saxe, terrasse rocaille doré, h. 0m16.

1130. — Groupe d'enfants sur socle, porcelaine de Mennecy-Villeroy, XVIIIe siècle, h. 0m20.

1131. — Deux statuettes, l'été et l'hiver, porcelaine de Mennecy-Villeroy, h. 0m12.

1132. — Deux statuettes, jardinière et jardinier, porcelaine allemande.

1133. — Deux petits bustes des cinq parties du monde (l'Europe et l'Asie), porcelaine de Berlin, avec la marque un sceptre.

1134. — Tasse et soucoupe porcelaine de Sèvres, décor fond bleu à médaillon. La belle ferronnière, par Jaquotot, daté 1809.

1135. — Tasse à café porcelaine Sèvres, décor polychrome, XVIIIe siècle, dessous la marque de Sèvres en or.

1136. — Plaque de coffret, décor oiseaux sur fond blanc porcelaine de Sèvres, xviiie siècle.

1137. — Trois médaillons porcelaine de Sèvres, Marie-Antoinette, Louis XVI, et J.-J. Rousseau, marque de Sèvres, au-dessous un X.

CÉRAMIQUE PORCELAINE

1138. — Deux médaillons Henri IV et Sully, biscuit de pâte tendre de Sèvres signés tous deux Bouchard, xviiie siècle.

1139. — Fond de boîte ronde porcelaine de Saxe, décorée sur les deux faces de paysages et personnages.

1140. — Tasse à thé porcelaine Saxe à couvercle, décor guirlandes et chiffres de fleurs de rosiers, dessous la marque de Saxe, xvie siècle.

1141. — Pot au lait genre Saxe, décor bouquets de fleurs.

1142. — Tasse et soucoupe Saxe, décor genre Watteau.

1143. — Tasse et soucoupe genre Sèvres, décor médaillon.

1144. — Tasse à thé porcelaine de Chine, décor mandarins.

1145. — Coupe porcelaine blanc de Chine, décor en relief branches de pêcher en fleurs.

1146. — Deux plaques rectangulaires, décor peinture, d'après Girodet, h. 0m13, l. 0m19.

1147. — Sous ce numéro seront vendus les objets de ce genre qui auraient été omis au catalogue.

OBJETS EN VERRE ET CRISTAL

1148. — Grand chandelier verre de Bohême.

1149. — Grand verre gravé de Bohême.

1150. — Grand verre de Bohême, armoirie.

1151. — Flacon verre forme gourde verre de Bohême.

1152. — Lustre verre de Venise avec plaquettes de Bohême et pendeloques cristal.

BRODERIES ET ÉTOFFES

1153. — Bande d'étoffe application de broderies, XVIe siècle.

1154. — Broderie guipure sur drap rouge Venise, XVIe siècle.

1155. — Devant d'autel broderie en verroterie de Venise, XVIIe siècle.

1156. — Voile de reliquaire soie brodée, travail français, XVIIe siècle.

1157. — Applique brodée armoirie d'un évêque, XVIIe siècle.

1158. — Ceinture de pèlerin des Saints Lieux, inscription latine, XVIIe siècle.

1159. — Petit sac soie blanche brodée, inscription latine, XVIIIe siècle.

1160. — Boîte à corporaux, velours brodé soie et or, orné d'un Ecce homo peinture, en émail du XVIe siècle.

1161. — Bourse portefeuille, brodée en perles de Venise, fin XVIIIe siècle.

1162. — Bourse à jetons, velours bleu brodé argent, fleurs de lys et armoirie XVIIIe siècle.

1163. — Bourse à jetons velours vert, brodé argent, fleurs de lys, XVIIIe siècle.

1164. — Bourse à jetons, velours vert, brodé argent, fleurs de lys, XVIIIe siècle.

1165. — Bourse à jetons, velours rouge brodé aux armes de la ville de Dijon.

1166. — Bourse tricotée soie et argent.

1167. — Ruban soie jaune imprimée en lettres à grotesques.

1168. — Velours de Gênes, brodé or et argent, XVIIIe siècle.

1169. — Fragment de robe satin soie violet, broderie en dentelle.

1170. — Petit tableau en broderie soie, la bergère surprise.

MINIATURES

1171. — Portrait d'homme ; h. 0m09, l. 0m06, ovale école française, XVIIe siècle.

1172. — Portrait d'homme sur ivoire, médaillon cuivre doré, XVIIIe siècle.

1173. — Portrait de jeune homme, cuivre ovale ; h. 0m095 sur 0m078, XVIIe siècle.

1174. — Sainte famille, miniature italienne, dessus de boîte écaille, XVIIIe siècle.

1175. — Portrait de jeune fille sur ivoire, cadre en or, fin XVIIIe siècle.

1176. — Portrait d'homme sur ivoire, cadre cuivre doré, fin XVIIIe siècle.

1177. — Portrait de la princesse Pochia sur ivoire, cadre cuivre doré, XVIIIe siècle.

1178. — Muse de la musique sur vélin, cadre cuivre doré, XVIIIe siècle.

1179. — Portrait présumé de Mlle de Fontanges, sur cuivre, écrin cuir noir.

1180. — Portrait d'homme sur cuivre, ovale écrin cuir noir, XVIIe siècle.

1181. — Portrait de F. de Montgaillard, évêque de Saint-Pons, sur velin, cadre bois doré.

1182. — Portrait de Sw ebach par lui-même sur bois, cadre doré, XVIIIe siècle.

1183. — Portrait de femme sur ivoire, signé J.-J. Forty, an VII.

1184. — Gouache sur vélin, intérieur d'une prison, XVIIIe siècle.

1185. — Portrait de femme sur cuivre ovale, cadre ancien, sculpté doré.

1186. — Portrait de jeune femme sur vélin, cadre ancien, bois doré.

1187. — Portrait d'homme sur cuivre ovale, XVIIe siècle.

1188. — Portrait d'homme sur cuivre, cadre argent, XVIIe siècle.

1189. — Portrait de princesse sur cuivre, cadre argent, XVIIe siècle.

1190. — Portrait de jeune fille, peint sur soie, ovale, cadre cuivre doré.

1191. — Vue des bains de Saint-Gervais sur vélin, signé à droite, fin du XVIIIe siècle.

1192. — Allégorie, par l'amitié se fixe l'hymen, sur ivoire, fin du XVIIIe siècle.

1193. — Vase de fleurs sur ivoire, signé V. cadre rond, cuivre doré.

1194. — Portrait d'Anne d'Autriche sur parchemin, cadre argent, XVIIe siècle.

1195. — Portrait de jeune garçon sur cuivre, XVIIIe siècle.

1196. — Portrait de Frédéric le Grand, sur ivoire, signé Konig.

1197. — Portrait de prince espagnol, cadre ancien bois doré, XVIIe siècle.

1198. — Portrait de prince espagnol, pendant du précédent.

1199. — Portrait du duc d'Enghien sur plaque d'argent, cadre bronze doré.

1200. — Portrait de femme sur ivoire, XVIIIe siècle.

1201. — Marine et ruines, par Lallemand.

1202. — Marine et ruines, pendant du précédent.

1203. — Portrait de Pascal, sur cuivre, cadre bois doré, XVIIe siècle.

1204. — Portrait de Bolbatre, musicien bourguignon, sur ivoire, cadre bois doré.

1205. — Portrait d'homme, Van Spandouck? sur ivoire, cadre bois doré.

1206. — Portrait de Boichot, sculpteur.

1207. — Portrait du duc de Bourgogne sur plaque d'écaille, XVIIe siècle.

1208. — Portrait de la marquise de la Farre, sur parchemin, XVIIe siècle.

1209. — Miniature gréco-russe sur bois, présentant diverses scènes de la vie de Jésus, peinture sur bois.

GOUACHES, DESSINS ET GRAVURES SOUS VERRE

1210. Page de manuscrit, le Christ en croix, sur parchemin, XIIIe siècle.

1211. — Page de manuscrit, le jour des Rameaux, sur parchemin, XIVe siècle.

1212. — Page d'antiphonaire, Saint Denis, Saint Sébastien, Saint Martin, XIVe siècle.

1213. — Page de livre d'heures, la nativité et l'annonciation aux bergers, XVe siècle.

1214. — Boucher, vue des environs de Charenton, gouache, XVIIIe siècle.

1215. — Callot, Jacques, personnages et caprices, dessin à la plume.

1216. — Devosge, F., Saint Pierre en prière, signé F. Devosge, 1742.

1217. — Devosge, F., L'assomption de la Sainte Vierge, dessin à la plume et encre de chine.

1218. — Devosge, F., Frontispice, la justice, dessin à la plume et crayon signé.

1219. — Devosge, F., Le brave Oudot en prison signé, dessin crayon noir.

1220. — Devosge, F., Le brave Oudot opérant des miracles, pendant du précédent.

1221. — Eisen, Saint Eloi prêchant, dessin à la plume teinté, signé, 1740.

1222. — Fauvel, vue de Dijon, près la porte Saint-Nicolas, signé.

1223. Fragonard, le temple de Gnide, aquarelle, h. 0m30, l. 0m41.

1224. — Huet, J.-B., Etudes d'animaux, dessin crayon noir, signé 1767.

1225. — De Jolimont, Tre, réunion des chevaliers de la toison d'or, gouache.

1226. — De Jolimont, Tre, Epanouissement de voûte d'escalier à Dijon.

1227. — De Jolimont, Tre, sommet de l'escalier du logis du roi à Dijon.

1228. — De Jolimont, Tre, portrait du chancelier Rollin.

1229. — De Jolimont, Tre, portrait de Hugonette de Salins.

1230. — Lallemand, J.-B. (portrait de), par lui-même, aquarelle.

1231. — Lallemand, J.-B., scène foraine sur un quai, dessin rehauts blancs.

1232. — Lallemand, J.-B., paysage et animaux, gouache, signé à droite.

1233. — Lallemand, J.-B., dessin, les premiers plans d'un des tableaux de Montmusard, cadre doré.

1234. — Lécurieux, Saint Bernard donnant la communion, aquatinte.

1235. — Lécurieux, Saint Bernard, pendant du précédent, signé.

1236. — Lécurieux, Jeune mère et son enfant.

1237. — Monnier, Portrait de Mme Fremiet née Monnier, crayon.

1238. — Pajos, portrait de Soufflot, mine de plomb, signé.

1239. — Claude Picardet, vase de fleurs gouache, signé 1780.

1240. — Pillement, paysage au crayon, signé.

1241. — Pillement, frise amours se lutinant, dessin plume et sépia.

1242. — Projet de plafond signé Lebrun.

1243. — Boucher François, Naïade couchée sur un dauphin, crayon rehaussé de blanc, signé.

1244. — Prud'hon (P.-P.). La justice, allégorie, crayon noir, signé au bas Prud'hon.

1245. — Prud'hon (attribué à). L'amour portant une corbeille, dessin au crayon.

1246. — Jeune femme lisant une lettre, gouache école française, XVIIIe siècle.

1247. — Le génie des beaux-arts, dessin au crayon dans un cadre sous verre.

1248. — Hubert-Robert, vue d'une ferme à Saint-Remy, dessin à la plume teinté, signé à gauche Robert.

1249. — Barbieri dit le Guerchin, buste d'homme (attribué à).

1250. — Projet de fontaine, dessin à la plume signé Renatin Gardon, 1760.

1251. — Grand dessin d'architecture, monuments en ruines, par Antoine.

1252. — Tête de vieillard, gouache sur velin, école française, XVIIIe siècle.

1253. — Maison de Diomède, aquarelle.

1254. — Théâtre découvert à Pompéi, aquarelle.

1255. — Le coup de patte, gravure d'après Prud'hon (sous verre cadre doré).

1256. — Sujet religieux, dessin à la plume et sépia (attribué à) P. de Caravage.

1257. — La procession de la ligue, gravure coloriée sur châssis, cadre doré.

1258. — Devinez ? gravure en couleur signée Decourtis.

1259. — Assemblée présidée par Pie VII, 17 février 1805, gravure en couleur.

1260. — Hélène et Paris, gravure en couleur avant toute lettre.

1261. — Portrait de Bossuet, gravé par Drevet d'après Rigaud, joli cadre bois sculpté doré.

1262. — Portrait de Mgr d'Apchon, gravure sous verre encadrée.

1263. — 50 costumes, caprices burlesques et grotesques, dessin à la plume, teintés.

1264. — Eau-forte de Rembrandt. La prédication (cadre sous verre).

1265. — Album grand in-fol., composé de nombreux dessins de maîtres bourguignons.

1266. — Peinture indienne sur carton.

1267. — Peinture chinoise sur verre étamé.

DESSINS EN FEUILLES

1268. — Décoration intérieure du château de Pierre, par Antoine, ingénieur de Dijon.

1269. — Blanchet, Cadmus tuant le dragon.

1270. — Boichot, le printemps, dessin à la sanguine.

1271. — Bouchardon, un génie, dessin à la sanguine.

1272. — Bouchardon, jeune femme, signé 1721.

1273. — Boucher, Vénus et les amours, médaillon.

1274. — Boucher, deux têtes, dessin.

1275. — Boucher, Pastorale, grand dessin (taché).

1276. — Boucher, tête de jeune fille (aux deux crayons).

1277. — Boucher, Naïades, étude, dessin à la plume.

1278. — Boucher, dessin à la sanguine.

1279. — Boucher, jeune fille se levant, crayon noir, rehauts blancs, signé.

1280. — Bon Boullongne, l'histoire de Joseph, dessin.

1281. — Bourjot, architecte à Dijon, ruines de la fontaine Tormina, aquarelle.

1282. — Brunet, frise en rinceaux, 1768.

1283. — Delafosse, dessin à la plume.

1284. — Devosge, François, la naissance du roi de Rome, 20 mars 1811.

1285. — Devosge, Alexandre, dessin dédié aux députés de la Côte-d'Or, 1818.

1286. — Dubois, Enée portant Anchise, dessin à la plume.

1287. — 62 croquis, dessins études pour l'assomption de N.-D. de Dijon.

1288. — La vierge et l'enfant Jésus, dessin au crayon.

1289. — Trois frises jeux d'enfants attribuées à Eisen.

1290. — Be Gagnereaux, une idylle, dessin à la plume.

1291. — Be Gagnereaux, une tête, signé Rome 1761.

1292. — Be Gagnereaux, l'homme tyrannisé par la jalousie se venge sur l'amour.

1293. — Be Gagnereaux, le jugement de Salomon.

1294. — Be Gagnereaux, Bataille, étude des tableaux du musée de Dijon, signé.

1295. — Be Gagnereaux, bataille, étude des tableaux du musée de Dijon, signé.

1296. — Greuze, tête d'enfant, crayon rouge.

1297. — Hoin, dessin.

1298. — Hoin, intérieur, jeune femme et son enfant.

1299. — Jeaurat, fête villageoise, esquisse, crayon et plume.

1300. — Jouvenet (attribué à), tête de moine, crayon, rehauts blancs.

1301. — Legay, ruines, dessin à la plume.

1302. — F. Lajoue, dessin à la plume.

1303. — J.-B. Lallemand, un paysage, dessin à la plume.

1304. — J.-B. Lallemand, vue de l'hospice et du pont Aubriot de Dijon.

1305. — J.-B. Lallemand, une étude.

1306. — Lejolivet, dessin d'architecture.

1307. — Lejolivet, Allégorie dédiée au comité des citoyens de Dijon, 1789, signé.

1308. — Lepautre, ornements, dessin.

1309. — Lhéritier, dessin au crayon.

1310. — Lhéritier, dessin au crayon.

1311. — Claude le Lorrain, études d'arbres, dessin crayon.

1312. — Mariller, attribué à, La peinture.
1313. — Mariller, attribué à, La musique.
1314. — Marlet, boiseries, dessin à la plume teinté.
1315. — Marlet, boiseries, deux dessins à la plume teinté.
1316. — Marlet, côté d'appartement, signé.
1317. — Marlet, armoiries du fronton du château de Scey-sur-Saône.
1318. — Le Moine (attribué à), Cléopâtre buvant des perles, dessin teinté.
1319. — Mouchet, David vainqueur de Goliath, dessin.
1320. — Nanteuil, paysage, torrent, dessin crayon, rehauts blancs.
1321. — Parizon, la mise au tombeau, dessin à la plume teinté.
1322. — Parizon, un dessin à la plume et sépia.
1323. — Parocel, les mendiants recevant l'aumône, signé.
1324. -- Parocel, la sainte mort.
1325. — Parocel (père), une bataille, crayon teinté.
1326. — Poussin (Le), Satyre découvrant une nymphe (crayon noir attribué à).
1327. -- Poussin (Le), un dessin à la plume teinté.
1328. — Prud'hon, une tête d'ange, crayon rouge.
1329. — Hubert-Robert, ruines d'un temple.
1330. — Hubert-Robert. Jeune fille tenant un panier de fleurs.
1331. — Hubert-Robert, Ruines, signé à gauche.
1332. — Hubert-Robert, Sujet d'histoire.
1333. — F. Rose. Paysage, arbre et vase en ruine, signé F. Rose inv.
1334. — Sarrabat. L'entrée des animaux dans l'arche, dessin à la plume.

1335. — Van-Loo, portrait d'artiste.

1336. — Van-Loo, Amour, dessin à la plume.

1337. — Verdier, Suzanne au bain, dessin.

1338. — J. Vernet, Marine, dessin à la sanguine.

1339. — Carle Vernet, Croquis d'animaux.

1340. — Vien (attribué à), Tête d'enfant, dessin à la plume.

1341. — Vien, Allégorie, l'architecture, crayon rehauts blancs.

1342. — Watteau (A.) (attribué à), pastorale, étude.

1343. — Watteau (A.) (attribué à), tête de jeune fille.

1344. — F. Ziem, dessin d'après la peinture gothique de Saint-Jean, signé 1838.

1345. — F. Ziem, dessin d'après le vitrail de N.-D.

1346. — F. Ziem, dessin de la piscine de Saint-Michel.

1347. — F. Ziem, dessin, motifs du portail de Saint-Michel.

1348. — Ecole française. L'enlèvement des Sabines.

1349. — École française vue du château de Bourbon-l'Archambaut.

1350. — Allegri dit le Corrège, tête de Sainte Catherine, dessin deux crayons.

1351. — Appiani. Deux dessins.

1352. — Albani, dit l'Albane, dessin à la plume.

1353. — Bassano, dit le Bassan, dessin rehaussé de sanguine.

1354. — Bassano, dit le Bassan, dessin rehaussé de sanguine.

1355. — Baccio Bandinelli. Etude, dessin à la plume signé.

1356. — Bondi, Sainte Madeleine, dessin au crayon et à la plume.

1357. — Campi (Guilio). L'annonciation, dessin à la plume.

1358. — Casas. Paysage environs de Rome, plume, teinté.

1359. — Casas. Deux vues de ruines.

1360. — Domenichino, esquisse au crayon.

1361. — Falcone, bataille, dessin à la plume.

1362. — Le Mutiano, Saint Hubert, dessin à la plume.

1363. — Pietro di Cortone, un enlèvement, dessin à la plume, teinté.

1364. — Pietro di Pietri, l'apparition de la Sainte Vierge.

1365. — Polidore de Caravage, le portement de croix (plume et sépia).

1366. — Ribéra, la chute des anges.

1367. — Salvator, une vision.

1368. — Savarone, un enlèvement, esquisse à la plume.

1369. — Solimena, Martyre de Saint Laurent, esquisse à la plume.

1370. — Solimena, allégorie.

1371. — Thadeo Zucharo, dessin esquisse.

1372. — Thelotti, les trois vertus théologales, dessin.

1373. — Testa Pietro, esquisse, dessin à la plume.

1374. — Ecole italienne, un cavalier effrayé.

1375. — École italienne, satyre découvrant une nymphe.

1376. — École italienne, le mariage de la Sainte Vierge.

1377. — École italienne, le portement de croix.

1378. — École italienne, une tête de soldat.

1379. — École italienne, tête de vieillard.

1380. — École italienne, Milon de Crotone, dessin à la plume.

1381. — Ecole italienne, Mentor présentant la paix.

1382. — École italienne, sacrifice de Polyxène.

1383. — École italienne, tête d'une des trois grâces.

1384. — École italienne, dessin à la sanguine.

1385. — Bloemen, P., paysage,dessin.

1386. — Berghem, P., paysage, dessin.

1387. — Janssens, Vénus et Cupidon.

1388. — Metzu, la surprise, dessin plume et bistre.

1389. — Rugendas, bataille (attribuée à).

1390. — Van Dyck, tête d'homme (attribuée à).

1391. — Sous ce numéro seront vendus des dessins non catalogués.

PLAQUETTES ET CLICHÉS

1392. — Philippe le Bon, médaillon ovale cliché plomb, signé M. 1467.

1393. — Isabelle de Portugal, médaillon ovale, signé et daté.

1394. — Médaille en plomb, Marie de Bourgogne et R/Maximilien d'Autriche.

1395. — Plaque de triptyque plomb, XIVe siècle.

1396. — Plaque circulaire plomb, XVIe siècle, le siège d'une ville.

1397. — Plaque circulaire, plomb, pendant de la précédente.

1398. — Plaque circulaire, plomb, jugement de Paris.

1399. — Plaque circulaire, plomb, la famille de Darius.

1400. — Deux plaques ovales de Briot, la grammatic, et la géométria.

1401. — Médaillon cliché plomb, Vincent de Paul.

1402. — Cliché étain du sceau de la connétablie, 1747, signé Lothior.

1403. — Cliché étain du sacre de Louis XV, 1722, signé Duvivier.

1404. — Cliché étain, cardinal de Richelieu, signé Warin.

1405. — Cliché étain, sceau Sainte Marie de Rheims.

1406. — Cliché étain, Louis XIV.

1407. — Cliché étain, prise de la Bastille.

1408. — Cliché étain, la folie, signé Roethier, fecit.

1409. — Cliché étain, Mercure hilaritati publicæ, 1683.

1410. — Deux clichés étain, vues des châteaux de Choisy et de Montigny.

1411. — Plaque cuivre, Minerve couronnant Vulcain.

1412. — Deux médaillons, cuivre laqué, XVIIIe siècle.

1413. — Deux médaillons, cuivre laqué, XVIIIe siècle.

1414. — Le martyre de Saint Etienne, bronze doré, XVIIe siècle.

1415. — Plaquette bronze, satyres découvrant une jeune mère.

1416. — Plaquette bronze, empereur romain en harangue; signé VA.VIE.

1417. — Médaillon bronze, italien Pondolfus Malatesta, signé PAN.E.

1418. — Plaque la renommée couronnant la force.

1419. — Plaquette bronze, le jugement de Salomon.

1420. — Sujet mythologique.

1421. — Mars tenant un bouclier.

1422. — Buste de Socrate, médaillon bronze, XVIIe siècle.

1423. — Plaque circulaire, cuivre repoussé, Louis XIV.

1424. — Sous ce numéro seront vendus les objets de ce genre omis au catalogue.

MÉDAILLES

1425. — Médaillon de l'Académie de Saint-Luc, à Rome, 1766.
1426. — Médaillon de l'Académie de Bologne, 1766.
1427. — Médaillon de l'Académie de Dijon, 1760.
1428. — Médaillon de l'Académie de Dijon, 1762.
1429. — Médaillon de l'Académie de Dijon, 1768.
1430. — Grande médaille argent, la Santé publique, signée Gaitteaux.
1431. — Grande médaille bronze, les fontaines de Dijon.
1432. — Grande médaille bronze, l'Exposition de Dijon.
1433. — Grande médaille bronze, l'Inauguration du chemin de fer, à Dijon.
1434. — Médaillon encadré, Claudius à cheval, R/ Néron.
1435. — Médaillon, Sénèque, par Varin.
1436. — Deux médaillons, Henri IV et Sully, cadre cuivre doré, xviiie siècle.
1437. — Médaille, Henri IV et Louis XIII.
1438. — Médaille, Henri V, 1863.
1439. — Médaille argent, Bonaparte, paix de Lunéville, 1801.
1440. — Médaille, Napoléon Ier, empereur élu, 1804.
1441. — Médaille, Napoléon et Charlemagne.
1442. — Médaille argent, Napoléon, 1809, Paris.
1443. — Médaille argent doré, Napoléon, retour d'Astrée.
1444. — Médaille bronze, Desaix tué à Marengo.
1445. — Médaille bronze, République cisalpine, 1800.
1446. — Médaille, Louis XVI, père d'un peuple libre, 1789.
1447. — Médaille bronze, Vaccination, Paris, 1814.
1448. — Médaille bronze, Huissiers de la Seine, 1817.
1449. — Médaille bronze, Bailly, président de l'assemblée.

1450. — Médaille bronze, Mariage de Saint Jean en Grève.

1451. — Médaille bronze, Établissement de la mairie de Paris.

1452. — Médaille bronze, Plombs, emblèmes de la Révolution, 1793.

1453. — Médaille bronze, Armand de Richelieu.

1454. — Médaille bronze, Cardinal de Fleury, 1734.

1455. — Médaille bronze, Cardinal Dubois.

1456. — Médaille bronze, La paix en 1684.

1457. — Médaille bronze, L'évêque de Séez, 1740.

1458. — Médaille bronze, Effets de la Concordé, Genève, 1767.

1459. — Médaille bronze, Deux réformateurs, R/ la Foi.

1460. — Médaille bronze, Frédéric Guillaume.

1461. — Médaillon bronze allemand, 1666.

1462. —Médaillon bronze, Rodolphe de Brunswick, 1779.

1463. — Médaillon bronze, Deux médailles de Frédéric de Prusse, 1757-1758.

1464. — Médaille de bronze, de Nassau, 1607.

1465. — Médaille de bronze, Maurice de Nassau, 1759.

1466. — Médaille de bronze, de Guillaume, 1770.

1467. — Médaille de bronze, de J. Huss.

1468. — Médaille de bronze, de Saint Hilda.

1469. — Deux médailles bronze allemandes.

1470. — Médaille argent, Charles XII, roi de Suède, 1703.

1471. — Médaille argent, Charles XI, roi de Suède, 1797.

1472. — Médaille bronze, Gustave III, roi de Suède, 1789.

1473. — Médaille bronze, Suède, 1747.

1474. — Médaille bronze, Etrurie, 1807.

1475. — Médaille, prix de Berne.

1476. — Médaille, Confédération suisse, 1815.

1477. — Médaille, Marguerite de Puxo, 1516, R/ Deus protector.

1478. — Médaille, André Alciati R/ en lettres grecques.

1479. — Médaille, le Christ, R/ Saint Pierre (tu es petrus).

1480. — Médaille, Bella d'Este, R/ Bonum erentium ergo.

1481. — Médaille bronze, Alexandre Bassiani.

1482. — Médaillon bronze ovale Paul II pape, XVIe siècle.

1482 *bis*. — Médaille bronze ovale, Alexandre Ier, pape.

1483. — Médaille bronze ovale, Adrien III, pape.

1484. — Médaille bronze dorée ovale, Pie III, pape.

1485. — Médaille bronze, Pie III, pape.

1486. — Deux médailles, Pie IV, pape.

1487. — Une médaille bronze, Jules III, pape.

1488. — Une médaille bronze, Anastase, pape.

1489. — Une médaille bronze, Adrien V, pape.

1490. — Une médaille bronze, Paul IV, pape.

1491. — Deux médailles bronze, Sixte IV, pape.

1492. — Une médaille bronze, Clément V, pape.

1493. — Une médaille bronze, Philippus Neruis, 1595.

1494. — Une médaille bronze, Clément VIII, pape, 1600.

1495. — Quatre médailles bronze, Clément X, pape.

1496. — Deux médailles bronze, Innocent X, pape.

1497. — Trois médailles bronze, Clément XI, pape, 1700.

1498. — Une médaille bronze, Clément XII, pape.

1499. — Une médaille bronze, Innocent XI, pape.

1500. — Une médaille bronze, Grégoire XII, pape.

1501. — Une médaille bronze, Léon X, pape.

1502. — Deux médailles bronze. Benoit XIV, pape, 1750.

1503. — Une médaille bronze, Louis XV, R/ Pax inita cum Germ. 1738.

1504. — Une médaille bronze, Marie de Médicis, 1614.

1505. — Une médaille bronze, Louis XIIII et Anne d'Autriche, 1643, Varin.

1506. — Une médaille bronze, Chapelle de Saint-Ferdinand, 1842.

1507. — Sous ce numéro seront vendues quatre-vingts médailles diverses, les grands hommes du siècle, etc., etc.

ANTIQUITÉS

1508. — Huit haches pierres polies.

1509. — Dix haches pierres polies.

1510. — Quinze pointes de flèches et débris de haches, silex et pierres diverses,

BRONZES

1511. — Hache à deux tranchants trouvée à Cîteaux.

1512. — Lame d'épée gauloise, bronze.

1513. — Lance patine verte, trouvée à Fleurey-sur-Ouche, 1813.

1514. — Phalère patine vert-foncé, trouvée à Fleurey-sur-Ouche, 1813.

1515. — Trois ciseaux droits, bronzes gaulois.

1516. — Neuf coins de diverses dimensions.

1517. — Huit haches gauloises, cinq droites, et trois avec un oreillon.

1518. — Style bronze romain.

1519. — Trois épingles (gallo-romain).

1520. — Onze bracelets ou anneaux fermés bronze.

1521. — Neuf bracelets ovales et ouverts.

1522. — Quatre débris de bracelets et autres.

1523. — Une torque bronze trouvée à Coblentz.

1524. — Pendulum, fer antique.

1525. — Le gigot de Nîmes.

1526. — Chaînon et anneaux gallo-romains.

1527. — Lame d'épée celtique trouvée au Mont-Auxois.

1528. — Lot de clés en fer de diverses époques, formes et dimensions ; ce lot sera divisé.

1529. — Lot d'objets gallo-romains, mérovingiens ; 17 fibules, agrafes, clés, boutons, clochettes, clous, etc. (sera divisé).

1530. — Lots d'objets en bronze de diverses époques, torque, fibules, crochets et débris d'objets divers ; sera vendu en plusieurs lots.

1531. — Lots de divers objets en fer, étriers, fer de cheval, flèches et débris divers, sera vendu en plusieurs lots.

OBJETS EN TERRE CUITE

1532. — Une lampe grecque antique, elle porte des caractères grecs.

1533. — Trente-cinq lampes terre cuite, romaines et gallo-romaines, de diverses dimensions ; seront vendues en plusieurs lots.

1534. — Moule de potier gallo-romain, trouvé à Velars-sur-Ouche, 1828.

1535. — Moules de monnaies romaines.

1536. — Coupe basse, terre rouge (gallo-romain).

1537. — Vase étrusque, dessins rouges.

1538. — Coupe, peinture rouge et noir, sur pied.

1539. — Coupe plate à 2 anses.

1540. — Vase forme bouteille.

1541. — Petit lecythe (vase à parfums).

1542. — Vase décor bige noir sur fond rouge.

1543. — Deux coupes plates.

1544. — Trente et une pièces terre cuite, vases, coupes lacrymatoires, etc. ; ce numéro sera divisé.

1545. — Vingt-huit pièces diverses, coupes, vases de formes diverses ; ce lot sera divisé.

1546. — Vase terre antique du Pérou ?

VERRES ANTIQUES

1547. — Vingt pièces diverses de verres irisés trouvées sur différents territoires de la Côte-d'Or.

BIJOUX

1548. — Bracelet formé de petits vases en améthistes, trouvé à Autun.

1549. — Petit bracelet en or mérovingien, trouvé à Arc-sur-Tille.

OBJETS MÉROVINGIENS TROUVÉS A CHARNAY

1550. — Une fibule or filigrane, ornée de pierres fines.

1551. — Deux fibules or fin, ornées de pierres fines.

1552. — Une fibule en or, ornée de pierres fines.

1553. — Une fibule en argent, ornée de pierres fines.

1554. — Une fibule en argent doré, ornée de pierres fines.

1555. — Deux fibules argent et filigrane, ornées de pierres fines.

1556. — Une fibule en or.

1557. — Deux fibules en or et filigrane d'or.

1558. — Une fibule en or et perles en émail bleu.

1559. — Une fibule en or, ornée d'un émail grisâtre.

1560. — Une fibule en or et pierre fine.

1561. — Une fibule en or pâle.

1562. — Une fibule en or et filigrane.

1563. — Une fibule circulaire en argent.

1564. — Une petite fibule en or.

1565. — Fibule en forme de poisson.

1566. — Fibule en argent de forme allongée portant des caractères runiques, pièce des plus intéressantes.

1567. — Une fibule en argent (manque une partie).

1568. — Une fibule en argent avec une incrustation métallique.

1569. — Deux fibules en argent.

1570. — Trois fibules en bronze.

1571. — Une fibule en bronze.

1572. — Une grande fibule romaine en bronze.

1573. — Une fibule bronze.

1574. — Six petites fibules bronze.

1575. — Deux fibules, l'une a la forme d'un chien.

1576. — Une fibule en bronze en forme de croix.

Médaillons

1577. — Médaillon en or à filigranes et pierres fines.

1578. — Trois médaillons en or ornés de pierres fines.

1579. — Deux médaillons circulaires ornés de filigranes.

1580. — Trois petits médaillons en or, ornés de filigranes.

Colliers

1581. — Un collier formé de grains d'ambre.
1582. — Un collier composé de 54 petits grains de verre colorés.
1583. — Dix-neuf colliers terre cuite émaillée, à grains variés de grosseur.

Boutons

1584. — 20 boutons de terre cuite émaillée.

Boucles d'oreilles

1585. — Une boucle d'oreille en bronze.
1586. — Six pendants d'oreilles en forme de poire, un en ambre, un en émail les autres en terre cuite.

Épingles à cheveux

1587. — Six épingles à cheveux, formées d'une boule métal vide et d'une tige.

Bagues

1588. — Une bague en argent.
1589. — Une bague en argent.
1590. — Une bague en bronze.
1591. — Une bague en bronze.
1592. — Deux bagues en bronze.

Bracelets

1593. — Bracelet en bronze.
1594. — Bracelet en bronze.
1595. — Trois fragments de bracelets.

Sabres ou coutelas

1596. — Vingt pièces fer plus ou moins bien conservées.

1597. — Six lames d'épées à deux tranchants.

1598. — Une lance coutelas fer.

Lances ou framées

1599. — Vingt-cinq lances de diverses dimensions variant de $0^{m}75$ à $0^{m}22$.

1600. — Deux lances, forme angon.

Dards ou javelots

1601. — Quatre dards barbelés terminés à la base par une douille.

Fers de flèche

1602. — Dix-neuf fers de flèche la plupart réunis par la rouille en groupe de trois à cinq.

Haches ou francisques

1603. — Douze haches, deux ont le fer recourbé, une autre uniforme des deux côtés, les autres sont toutes à un seul tranchant.

Poignards et couteaux

1604. — Dix petits couteaux ou poignards plus ou moins bien conservés.

Fourreaux

1605. — La collection présente une monture de fourreau.

Mors de cheval

1606. — Un mors de cheval terminé par deux forts anneaux de bronze.

Grandes boucles de fer

1607. — Grandes plaques et boucles de fer, couvertes extérieurement de plaques d'argent portant divers entrelacs, zigzags, enroulements, etc.

Boucles en bronze

1608. — Boucle en bronze, dimensions de 0m05 sur 0m08, ornée de bossettes.

1609. — Autre boucle en bronze, ornée de grecques et de zigzags.

1610. — Autre boucle en bronze, offre une manière de croix dans le milieu.

1611. — Trois agrafes en bronze à plaques découpées à jour.

1612. — Neuf boucles en bronze de forme allongée.

1613. — Une boucle en bronze, l'extrémité bordée d'un rang de petites perles.

1614. — Une boucle en bronze, porte autour des plaques des têtes de serpents.

1615. — Boucles simples composées d'un anneau et d'un ardillon.

Ornements de baudrier

1616. — Petites plaques d'argent et de bronze argenté, doré, ou étamé, et de fer, munies d'un petit appendice pour les fixer, affectant toutes sortes de formes.

Ceinture

1617. — Elle portait divers objets, ciseaux, peignes, pinces à épiler, briquets et silex, tous ces objets étaient suspendus à l'aide de courroies avec boucles de toutes dimensions, et matières, argent, bronze, fer et même verre avec ardillon bronze.

1618. — Un moule en bronze, petite plaque servant à estamper les fibules.

1619. — Rondelle en bronze (partie d'un harnais).

1620. — Plaque découpée à jour.

1621. — Cinq pinces à épiler.

1622. — Deux styles en bronze.

1623. — Trois paires de ciseaux en fer (une seule paire est complète).

1624. — Aiguillettes ou terminaisons de courroies, une en argent, une en fer, les autres en bronze.

Ornements indéterminés

1625. — Suite de 7 petits tambours ornés de perles.

1626. — Autre suite de 8 plaques portant un grenat plat carré, deux sont munies d'une boucle.

1627. — Un couteau à pied en fer.

1628. — Un tube en bronze strié circulairement.

1629. — Clous en fer ou aiguilles de coffret.

1630. — Onze anneaux, bronze et fer, de dimensions variées.

1631. — Cinq crochets d'attache.

COLLECTION MÉROVINGIENNE DES OBJETS TROUVÉS A CHARNAY

Monnaies

1632. — Trois monnaies gauloises, potin et cuivre.

1633. — Quatorze pièces romaines, bronze et argent.

1634. — Deux barbares ou semis romains, en or.

Vases en bronze

1635. — Cinq vases de forme circulaire ou plutôt vastes bassins.

1636. — Un plateau bronze étamé.

1637. — Deux montures de seaux en fer.

Vases en verre

1638. — Petit vase en verre de 0m072.

1639. — Trois autres vases de verre de différentes formes.

1640. — Deux autres vases à base ovoïde.

1641. — Deux autres vases à base ovoïde, munis d'une oreille ou anneau pour les suspendre.

1642. — Un vase de verre foncé, plat.

1643. — Dix autres vases de diverses dimensions et formes.

Vases en terre

1644. — La collection offre environ trois cents vases de terre cuite assez bien conservés, leur forme et type variant de dimensions.

Telle est la collection peut-être unique en son genre par la variété, le nombre des échantillons, la richesse et l'originalité.

Cette collection, comprise du n° 1550 à 1644, sera présentée en bloc aux enchères.

OBJETS MÉROVINGIENS TROUVÉS A BROCHON, 1846

1645. — Une paire de boucles d'oreilles en or.

1646. — Deux paires de boucles d'oreilles en bronze doré, sur la face un cabochon en verre.

1647. — Trois boucles d'oreilles bronze.

1648. — Dix fibules de forme allongée.

1649. — Dix fibules de forme d'oiseau.

1650. — Cinq fibules de formes diverses, chevaux et animaux fantastiques.

1651. — Deux fibules en bronze terminées en tête de serpent.

1652. — Deux fibules en fer.

1653. — Une épingle à cheveux.

1654. — Dix grains de collier et un bouton terre cuite émaillée.

1655. — Huit petites aiguillettes, 2 en argent doré, quatre en argent, et quatre en bronze doré.

1656. — Deux aiguillettes terminées en pointes indéterminées.

1657. — Dix anneaux en bronze de petites dimensions, un seul en argent.

1658. — Deux fragments de peigne en os.

1659. — Un disque en os.

1660. — Une garniture en bronze d'un petit coffret, charnières en fer.

1661. — Huit pièces de monnaies gauloises et romaines.

OBJETS ANTIQUES TROUVÉS SUR DIFFÉRENTS TERRITOIRES DE LA COTE-D'OR

1662. — Une paire de boucles d'oreilles en or.
1663. — Une boucle en or trouvée à Fauverney en 1854.
1664. — Une fibule circulaire festonnée en or et pierres fines.
1665. — Une boucle d'argent en forme de B.
1666. — Une agrafe fer plaqué d'argent (Puligny, 1810).
1667. — Plaque d'agrafe en bronze (Saint-Jean-de-Losne, 1818).
1668. — Quatre agrafes en bronze gravé.
1669. — Dix petites boucles en bronze et une en argent.
1670. — Une pince à épiler, bronze.
1671. — Une fibule en fer et 2 clés.
1672. — Une croix en bronze trouvée à Beire, incomplète.

La vitrine contenant tous ces objets sera vendue en un seul lot.

MÉDAILLES

Ce médailler est composé d'environ cinq mille monnaies que nous avons divisées ainsi qu'il suit ; savoir :

Monnaies grecques.

1673. — 2 pièces Athènes, tétradrachmes.
1674. — 17 pièces Corinthe, didrachmes.
1675. — 4 pièces Alexandre de Macédoine, tétradrachmes et divisions.
1676. — 1 pièce Pyrrhus, tétradrachme.
1677. — 2 pièces Provinces romaines de Macédoine, tétradrachmes.
1678. — 1 pièce Séleucus.
1679. — 1 pièce Tarente, didrachme.
1680. — 2 pièces Ptolémée d'Egypte, tétradrachmes.
1681. — 1 pièce Néron et Popée.
1682. — 2 pièces Campaniennes.
1683. — 10 pièces diverses, tétradrachmes.
1684. — 36 pièces diverses, divisions.

Monnaies grecques d'Egypte et autres.

1685. — 90 pièces, argent, potin moyens et petits bronzes.

Monnaies d'or romaines.

1686. — Trajan, R/ P. M. T. R. P., cos III, P. P. aureus.
1687. — Constans II, R/ Gloria reipublicæ, sou d'or.

1688. — Valentinien Ier R/ Restitutor reipublicæ, sou d'or.

1689. — Valentinien III, R/ Victoria augg., sou d'or.

1690. — Honorius, R/ Concordia augg., T. sou d'or.

1691. — Zenon, R/ Concordia augg., Triens.

1692. — Anastase, R/ Concordia augg., Triens.

1693. — Imitation d'Anastase, Triens.

1694. — Imitation barbares,R/ augustorum Triens.

1695. — Justinien R/ Victoria augg, Triens.

1696. — Héraclius et Héraclius Constantin R/ augustorum, Sou d'or.

Monnaies d'argent de la République romaine.

1697. — 67 deniers de la République.

1698. — 5 quinaires d'argent de la république.

Monnaies d'argent, haut empire.

1699. — 45 pièces d'argent haut empire et république.

1700. — 69 pièces d'argent haut empire.

1701. — 59 pièces d'argent haut empire.
Seront divisées.

Haut empire romain (bronzes).

1702. — 436 pièces grands bronzes.

1703. — 200 pièces moyens bronzes.
Seront divisées.

Bas empire.

1704. — 46 pièces moyens bronzes.

Romaines et coloniales.

1705. — 90 pièces bas empire, IVe siècle, petits bronzes.

Monnaies romaines.

1706. — 95 pièces billon deniers, IIIe siècle.
1707. — 90 pièces billon deniers, IIIe siècle.
1708. — 90 pièces billon deniers, IIIe siècle.
1709. — 90 pièces billon deniers, IIIe siècle.
1710. — 90 pièces petits bronzes IIIe et IVe siècles.
1711. — 100 pièces petits bronzes IIIe et IVe siècles.
1712. — 100 pièces moyens et petits bronzes.
1713. — 50 pièces moyens et petits bronzes, IIIe et IVe siècles.
1714. — 100 pièces moyens et petits bronzes, IIIe et IVe siècles.
1715. — 100 pièces moyens et petits bronzes, IIIe et IVe siècles.
1716. — 100 pièces moyens et petits bronzes, IIIe et IVe siècles.
1717. — 100 pièces moyens et petits bronzes, IIIe et IVe siècles.
1718. — 100 pièces moyens et petits bronzes, IIIe et IVe siècles.
1719. — 100 pièces moyens et petits bronzes, IIIe et IVe siècles.
1720. — 100 pièces moyens et petits bronzes, IIIe et IVe siècles.
1721. — 90 pièces potins d'Alexandrie.

Monnaies gauloises.

1722. — 6 pièces en or.
1723. — 95 pièces diverses en argent.
1724. — 92 pièces diverses potin et bronze.

Monnaies, mérovingiens.

1725. — 18 pièces imitation barbare romaines et mérovingiennes en or.

1726. — 1 pièce Saiga d'argent.

Monnaies féodales.

1727. — 22 pièces de Bourgogne.

1728. — 26 pièces de Lorraine.

1729. — 4 pièces de Metz.

1730. — 22 pièces de Franche-Comté.

1731. — 11 pièces de Lyon.

1732. — 100 pièces diverses, Avignon, Maguelonne, Toulouse, Flandres, etc

1733. — 4 pièces de Béarn et Navarre.

1734. — 1 pièce des Dombes (teston).

1735. — 1 pièce obsidionale Cambray 1581, cuivre.

Monnaies de Bourgogne.

1736. — 1 pièce Philippe le Bon, lion d'or.

1737. — 1 pièce Philippe le Bon, cavalier d'or.

1738. — 1 pièce Charles le Téméraire, florin d'or.

Monnaies françaises or.

1739. — 1 pièce Charles le Bel, royal d'or.

1740. — 1 pièce Philippe VI, chaise d'or.

1741. — 3 pièces Philippe VI, écus d'or.

1742. — 1 pièce Philippe VI, ange.

1743. — 2 pièces Jean, Franc à pied.

1744. — 2 pièces Jean, Franc à cheval.
1745. — 2 pièces Jean, Agnels.
1746. — 4 pièces Charles V, florins.
1747. — 1 pièce Charles V, franc à pied.
1748. — 1 pièce Charles V, franc à cheval.
1749. — 1 pièce Charles VI, franc à pied.
1750. — 1 pièce Charles VI, écu d'or.
1751. — 6 pièces Henri VI d'Angleterre, saluts d'or.
1752. — 1 pièce Charles VII, écu d'or.
1753. — 1 pièce Charles VIII, écu au soleil.
1754. — 1 pièce Louis XII, écu au soleil.
1755. — 1 pièce Louis XII, écu au porc-épic.
1756. — 1 pièce Louis XII, écu du Dauphiné.
1757. — 1 pièce François Ier, écu au soleil.
1758. — 1 pièce François Ier, écu du Dauphiné.
1759. — 1 pièce François Ier, écu à la croix blanche.
1760. — 1 pièce Henri II, Henri d'or.
1761. — 1 pièce Charles IX, écu au soleil.
1762. — 1 pièce Louis XIII, écu au soleil.
1763. — 1 pièce Louis XIV, demi-Louis buste poupard 1652.
1764. — 1 pièce Louis XIV, demi-Louis 1691, frappé à Dijon.
1765. — 1 pièce Louis XV, demi-Louis mirliton, 1724.
1766. — 1 pièce Louis XV, demi-Louis à lunette.
1767. — 1 pièce pagode de Pondichéry.
1768. — 1 pièce Louis XVI, louis, 1786.
1769. — 1 pièce de 20 francs de Marengo.
1770. — 1 pièce Napoléon empereur an XII.
1771. — 1 pierre Murat de quarante francs.
1772. — 1 petite médaille de Napoléon an XIII.

Monnaies françaises, argent et billon

1773. — Louis le Débonnaire, 7 deniers au temple.
1774. — Charles le Chauve, 2 deniers.
1775. — Charles le Chauve, 1 obole argent.
1776. — Carolingiens divers, 17 deniers.
1777. — Louis VI, Louis VII et Philippe-Auguste, 18 deniers.
1778. — Louis IX, 4 gros tournois.
1779. — Louis IX, 12 deniers.
1780. — Philippe le Bel, 9 gros tournois.
1781. — Philippe le Bel, 2 mailles.
1782. — Philippe VI, 1 gros tournois.
1783. — Philippe VI, 10 deniers tournois et parisis.
1784. — Jean, 3 gros et deniers.
1785. — Charles V et Charles VI, 21 mailles blanches, blancs, doubles et deniers tournois.
1786. — Monnaies franco-anglaises, 7 blancs et doubles.
1787. — Charles VII, 28 blancs.
1788. — Charles VII, 5 doubles deniers.
1789. — Charles VIII, 7 blancs.
1790. — François Ier, 3 testons.
1791. — François Ier, 3 demi-testons.
1792. — François Ier, 4 blancs.
1793. — Henri II, 8 testons.
1794. — Henri II, 1 demi-teston.
1795. — Henri II, 22 blancs.
1796. — Charles IX, 9 testons.
1797. — Charles IX, 3 demi-testons.
1798. — Charles IX, 4 doubles sols parisis.
1799. — Charles IX, 4 sols parisis.

1801. — Henri III, 7 francs.
1802. — Henri III, 9 demi-francs.
1803. — Henri III, 4 quarts de francs.
1804. — Henri III, 4 quarts d'écu.
1805. — Henri III, 3 huitièmes d'écu.
1806. — Henri III, 4 gros de Nesle.
1807. — Henri III, 2 douzains.
1808. — Henri III, 2 doubles tournois.
1809. — Charles X, roi de la ligue, 3 quarts d'écu.
1810. — Charles X, roi de la ligue 2 huitièmes d'écu.
1811. — Charles X, roi de la ligue, 4 douzains.
1812. — Charles X, roi de la ligue, 1 double tournois.
1813. — Henri IV, 2 francs de Navarre.
1814. — Henri IV, 17 demi-francs.
1815. — Henri IV, 7 quarts de francs.
1816. — Henri IV, 12 quarts d'écus de Navarre.
1817. — Henri IV, Béarn et Dauphiné.
1818. — Henri IV, 9 quarts d'écu.
1819. — Henri IV, 5 huitièmes d'écu de Navarre.
1820. — Henri IV, 7 huitièmes d'écu.
1821. — Henri IV, 4 doubles tournois.
1822. — Louis XIII, 1 demi-franc.
1823. — Louis XIII, 2 demi-écus blancs.
1824. — Louis XIII, 4 divisions d'écu.
1825. — Louis XIII, 1 un quart d'écu.
1826. — Louis XIII, 2 huitièmes d'écu.
1827. — Louis XIII, 7 doubles tournois.
1828. — Louis XIV, 6 écus blancs.
1829. — Louis XIV, 1 demi-écu Carambole.
1830. — Louis XIV, 12 demi-écus divers.

1831. — Louis XIV, 8 quarts d'écus.

1832. — Louis XIV, 17 petites divisions d'écus.

1833. — Louis XIV, 17 pièces de quatre sous.

1834. — Louis XV, 1 écu vertugadin.

1835. — Louis XV, 1 écu de Navarre.

1836. — Louis XV, 8 pièces de 12 sous.

1837. — Louis XV, 12 pièces de 6 et 4 sous.

1838. — Louis XV, 3 pièces d'un sou.

1839. — Louis XV, 3 liards.

1840. — Louis XV, 4 pièces cuivre coloniales.

1841. — Louis XV, petite monnaie argent de Pondichéry.

1842. — Louis XVI, 1 écu de six livres.

1843. — Louis XVI, 2 demi-écus.

1844. — Louis XVI, 3 pièces de 24 sous.

1845. — Louis XVI, 4 pièces de 12 sous.

1846. — Louis XVI, 5 monnaies coloniales.

1847. — Louis XVI, 6 pièces d'un sou.

1848. — Louis XVI, roi constitutionnel, un écu de six livres.

1849. — Louis XVI, roi constitutionnel, 13 pièces monnaie cuivre.

1850. — République française, 1 écu de six livres.

1851. — République française, 1 sol aux balances.

1852. — République française, 8 centimes.

Monnaies diverses et modernes.

1853. — 19 pièces de confiance de 5 sols, Monneron.

1854. — 6 pièces, 2 décimes, 1 décime, 3 pièces de 5 centimes, 1 de 1 centime.

1855. — 15 pièces bronze de l'Empire.

1856. — 9 pièces d'argent de l'Empire.
1857. — 2 pièces bronze de Jérôme Napoléon.
1858. — 3 pièces argent divisionnaires de Murat.
1859. — 2 pièces décimes.
1860. — 3 pièces essais de monnaies.
1861. — 32 pièces monnaies d'argent d'Italie, Espagne.

République et Empire.

1862. — 3 monnaies d'Espagne.
1863. — 12 pièces suisses, billon.
1864. — 20 monnaies obsidionales.
1865. — 16 pièces diverses en billon.

Monnaies d'Allemagne et des Pays-Bas

1866. — 9 pièces bractéales allemandes.
1867. — 16 pièces d'or diverses.
1868. — 19 pièces diverses argent divisionnaires et billon.
1869. — 1 pièce allemande, 1605.
1870. — 1 pièce Bavière, 1774.
1871. — 28 pièces diverses petites monnaies.

Flandres.

1872. — Philippe III, 1 pièce d'argent.
1873. — Philippe IV, 2 pièces d'argent.
1874. — Philippe IV, 5 pièces de cuivre.
1875. — Albert et Isabelle, 1 pièce argent.

Angleterre.

1876. — Elisabeth, 1 pièce d'argent, 1573.
1877. — Diverses, 6 pièces des XVe et XVIe siècles.

1878. — Charles II, 2 pièces argent.
1879. — Georges II, 1 pièce d'argent.
1880. — Georges III, 1 pièce argent.
1881. — Diverses, 4 pièces argent.

Autriche-Hongrie.

1882. — Marie-Thérèse, 3 grands écus.
1883. — Marie-Thérèse, 1 pièce argent divisionnaire.
1884. — Autriche-Hongrie, 5 pièces argent divisionnaires.
1885. — Lombardie, 2 pièces François.
1886. — François-Joseph, 2 thaler 1858 et 1864.
1887. — François II, 1 pièce Vénétie, 1800.

Pologne.

1888. — Casimir, roi de, 1 pièce 1649.

Savoie.

1889. — 4 pièces d'argent diverses.
1890. — 11 pièces billon et cuivre.

Milan.

1891. — Philippe II, 6 pièces ducatons.
1892. — Alexandre Farnèse, 1 ducat, 1582.

Papales.

1893. — Clément X, 1 grand écu.
1894. — Clément XI, petite pièce d'or.

Espagne et Portugal.

1895. — Charles-Quint, 1 ducat or.
1896. — Philippe II, 1 écu.

1897. — Philippe IV, 2 pièces d'argent.
1898. — Philippe V, 2 pièces d'argent.
1899. — Isabelle, 1 pièce d'argent.
1900. — Espagne, 1 grand écu, 1714.
1901. — Barcelone, 6 pièces diverses époques.
1902. — Ferdinand, 2 pièces de 1811.
1903. — Charles III, 1 pièce de 1811.
1904. — Portugal, 7 pièces d'argent.
1905. — Portugal, 3 pièces bronze.

Suisse.

1906. — Berne, 1 écu 1798.
1907. — Berne, 5 monnaies divisionnaires.
1908. — Berne, Neuchatel, Soleure, etc. 9 pièces divisionnaires.
1909. — Genève, 19 pièces argent, billon divers.
1910. — Vaud et Lucerne, 6 pièces diverses.
1911. — Fribourg, 2 pièces divisionnaires.
1912. — Fribourg, 56 pièces diverses.
1913. — Confédération suisse, 2 pièces argent, 1702-1801.
1914. — De Prusse à Neuchatel, 9 pièces sous.

Suède.

1915. — Christine, 1 grand écu.
1916. — Charles XI, 2 pièces d'argent.

Russie.

1917. — Catherine, 2 pièces argent, 1782.
1918. — Catherine, 2 pièces bronze.

Turquie.

1919. — 50 pièces diverses, billon.

Colombie.

1920. — Une pièce de 1820.

Bolivie.

1921. — Une pièce de 1828.

VICOMTES-MAYEURS DE DIJON

1922. — Collection de 103 maires de Dijon, ainsi qu'il suit.

Bénigne Martin . .	1560	Esme Joly	1615
Bernard Desbarres .	1561	Est. Arviset . . .	1616
Bernard Desbarres .	1575	Esme Joly	1616
J. Lemarlet . . .	1578	Est. Arviset . . .	1617
G. Royhier . . .	1581	Fourneret	1618
G. Royhier . . .	1584	J. Venot	1619
J. Laverne. . . .	1590	J. Venot	1620
B. Fremiot (Etain) .	1591	Le Compasseur de Courtivron . . .	1621
J. Jaquinot . . .	1595	Le Compasseur de Courtivron . . .	1622
De Frasans . . .	1604	J. Tisserand . . .	1623
Joly	1605	J. Tisserand . . .	1624
Pernot	1606	J. de Frasans . . .	1625
De Loisie	1607	Humbert	1627
De Frasans . . .	1608	Humbert	1628
F. Humbert . . .	1610	Beuvrard	1629
N. Humbert . . .	1611	Terrion	1630
N. Humbert . . .	1612	De Frasans . . .	1631
J. Bossuet	1613		
J. Bossuet	1614		

De Frasans 1632
De Frasans 1633
Tisserand 1635
F. Moreau 1636
F. Moreau 1637
F. Moreau 1638
De Frasans 1639
René Perret 1640
Terrion 1642
P. Comeau 1643
J. Soirot 1645
J. Soirot 1646
C. Bossuet 1647
De Mongey 1646
M. Millotet 1651
Maleteste 1652
Millotet 1653
Soirot 1654
Millotet 1654
Millotet 1655
Sirdey 1655
Sirdey 1656
P. Comeau 1658
P. Comeau 1659
De Lacroix 1660
De Lacroix 1661
De Frasans 1662
Guillaume 1663
B. Bouhier 1665
B. Bouhier 1666
J. Joly 1667
J. Joly 1669
Catin 1671
Baudinet 1675
P. Monin 1678
B.-P. Baudinet . . 1679
B.-P. Baudinet . . 1680
J. Joly 1681
De Badière 1685
De Badière 1686
J. Joly 1689
F. Baudot 1691
Janon 1693
F. Baudot 1694
F. Baudot 1701
Clopin 1705
N. Labotte 1713
Baudinet 1716
Est. Baudinet . . . 1719
M. Baudinet . . . 1722
M. Baudinet . . . 1725
M. Baudinet . . . 1727
Ph. Baudot 1730
P. Burteur 1733
P. Burteur 1736
P. Burteur 1739
J. P. Burteur . . . 1742
J. P. Burteur . . . 1745
J. P. Burteur . . . 1748
Cl. Marlot 1751
Cl. Marlot 1754
N. Rousselot . . . 1763
N. Rousselot . . . 1766
Raviot 1772
Raviot 1775
Raviot 1775
Raviot 1778

1923. — Onze pièces d'argent jetons de L. Moussier, 1787.

1924. — 7 jetons des maires de Beaune.

1925. — 1 Merreau (inédit plomb) de Beaune.

1926. — 1 jeton d'Auxonne, 1621.

1927. — 2 monnaies cuivre de Dijon de Pierre Canquoin, 1593 et 1595.

1928. — 3 jetons Parlement de Dijon, 1645.

1 jeton écusson de gueule à la tour maçonnée et crénelée, sans date.

1 jeton également sans date à une croix chargée de cinq pièces.

1929. — Quarante-cinq jetons des comices de Bourgogne comprenant trente-neuf années, ainsi qu'il suit :

	ANNÉES		ANNÉES
	1591		1695
	1636		1698
	1639		1701
	1645		1704
	1648		1704
	1651		1710
	1653		1713
	1659		1715
	1665		1719
	1668		1722
	1671		1725
	1674		1728
	1676		1731
	1677		1735
	1678		1740
	1680		1743
	1682		1746
2 pièces. —	1688		1749
2 pièces. —	1692	4 pièces. —	1752
	1694		

1930. — Collection de 60 maires de Dijon de soixante années différentes de 1590 à 1775.

1931. — Sous ce numéro seront vendus plusieurs lots de médailles, monnaies et jetons divers.

HISTOIRE NATURELLE

1932. — Collection de conchyliologie.

1933. — Collection de plaques d'agates, de marbres, de pierres et de minéraux.

1934. — Sous ce numéro seront vendus divers objets omis dans le catalogue.

DIJON. — IMPRIMERIE DARANTIERE, RUE CHABOT-CHARNY, 65.